KB253039

美·메이저 리그 指導入門書

速成 野球 레슨

밀·워키 著 / 스포츠書籍 編輯室 訳

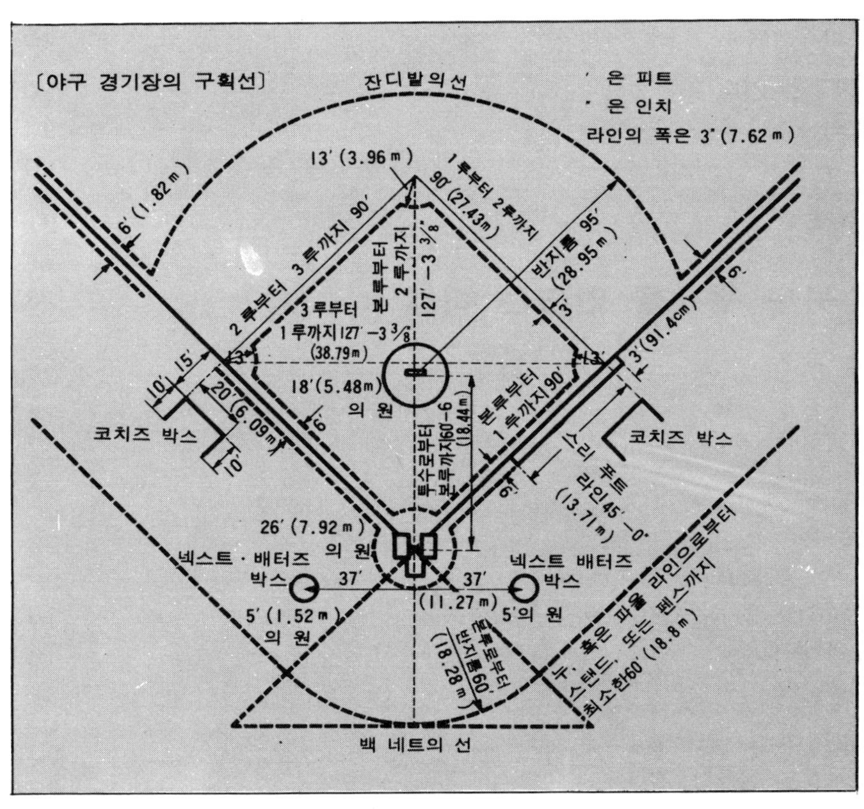

일신서적출판사

차 례

모든 감독들에게 — 11

감독의 책임 … 13
경기장 밖에서의 선수 관리 … 13
경기장 안에서의 선수 관리 … 14

컨디션 조절 … 16
몸풀기 … 18
아침 운동 … 18
타격 연습 … 19

경기전 연습 … 20
외야수 … 20
내야수 … 20

맺는 말 … 21

우수 투수를 만드는 비결 — 23

투 수 … 25
스프링 트레이닝 … 25
피칭 … 27
수비 … 34

포 수 … 38
절대로 빠뜨려서는 안된다 … 38
포수의 송구 … 44
캐처 미트의 위치와 스트라이크 … 48
포구의 기술 … 54

내야 수비 … 60
픽오프 플레이 … 60

시퀀스 플레이 …………………………………… 62
런다운 플레이 …………………………………… 63
수비 자세 ………………………………………… 63
내야수의 기본 자세 ……………………………… 65
송 구 ……………………………………………… 67
내야 수비력 향상 방법 ………………………… 68
태그 플레이 방법 ………………………………… 69

1 루 수비 …………………………………………… 70

2 루 수비 …………………………………………… 76

유격수 수비 ………………………………………… 80

3 루 수비 …………………………………………… 85

외야 수비 …………………………………………… 89
외야 수비 연습 …………………………………… 93

타 격 ………………………………………………… 95
번트 ………………………………………………… 95
치고 달리기 ……………………………………… 97
타격의 기본 ……………………………………… 98
나쁜 타격 자세의 교정법 ……………………… 100
타격 연습 ………………………………………… 101

베이스 러닝 ………………………………………… 103
기본적인 주루법 ………………………………… 103
베이스 러닝의 기본 원칙 ……………………… 105
리드 ……………………………………………… 106
도루 기술 ………………………………………… 109
더블 스틸 (1, 3 루 때) ………………………… 112
슬라이딩 ………………………………………… 113

상황 1 주자가 없는 상황에서 좌익수 쪽에 단타가 났을 경우 ·············· 118

상황 2 1루에 주자가 있고 좌익수 쪽에 단타가 났을 경우 ················ 120

상황 3 주자 2루, 주자 1, 2루, 또는 주자 만루일 때 좌익수 쪽에
단타가 났을 경우 ················ 122

상황 4 주자 2루, 또는 주자 2, 3루에 있을 때 3루간을 빠져나가
좌익수 쪽에 단타가 났을 경우 ················ 124

상황 5 주자가 2루에 있고 좌익수 앞에 안타를 때린 타자가 게임을
동점으로 가져갈 수 있는 주자가 될 수 있는 경우 ··········· 126

상황 6 루상에 주자가 없거나 주자 2루, 주자 3루 또는 주자 2, 3루
에 있을 때 좌중간에 3루타가 가능한 2루타가 났을 경우 ········ 128

상황 7 주자 1루, 주자 1, 2루 또는 주자 만루 상황에서 좌중간에 3
루타가 가능한 2루타가 났을 경우 ················ 130

상황 8 주자가 1루에 있을 때 좌익선상으로 흐르는 3루타가 가능한
2루타가 났을 경우 ················ 132

상황 9 주자가 없을 때 중견수 앞에 단타가 났을 경우 ·············· 134

상황 10 주자가 1루에 있을 때 중견수 앞에 단타가 났을 경우 ·········· 136

상황 11 주자 2루, 또는 주자 2, 3루에 있을 때 중견수 앞에 단타가
났을 경우 ················ 138

상황 12 주자 1, 2루, 또는 주자 만루일 때 중견수 앞에 단타가 났을
경우 ················ 140

상황 13 주자 1, 3루 또는 주자 만루일 때 중견수 또는 우익수 쪽에
플라이 볼이 떴을 경우 ················ 142

상황 14 루상에 주자가 없고 우익수 앞에 단타가 났을 경우 ············ 144

상황 15 주자 1루 또는 주자 1, 3루에 있을 때 우익수 앞에 단타가
났을 경우 ················ 146

상황 16 주자 2루 또는 주자 2, 3루일 때 우익수 앞에 단타가 났을
경우 ················ 148

상황 17 주자 2루 또는 주자 2, 3루일 때 1루와 2루 사이를 빠져
나가는 우익수 앞 안타가 났을 경우 ················ 150

상황 18 주자 1, 2루 또는 주자 만루일 때 우익수 앞에 안타가 났을
경우 ················ 152

상황 19 주자 1, 2루 또는 주자 만루일 때 1, 2루 사이를 빠져나가
우익수 앞에 안타가 났을 경우 ·· **154**

상황 20 주자가 없거나 주자 3루, 주자 2루 또는 주자 2, 3루에 있을
때 우중간에 3루타가 가능한 2루타가 났을 경우 ················ **156**

상황 21 주자 1루, 주자 1, 2루 또는 만루일 때 우중간에 3루타가
가능한 2루타가 났을 경우 ··· **158**

상황 22 루상에 주자가 없을 때 3루타가 가능한 2루타가 우익선상에
났을 경우 ·· **160**

상황 23 1루에 주자가 있을 때 3루타가 가능한 2루타가 우익선상에
났을 때 ··· **162**

높이 뜬 타구 상황 1 무사 또는 1사 후 주자가 1, 3루에 있을 때 홈
플레이트 뒤쪽에 파울 플라이가 났을 경우 ············ **164**

높이 뜬 타구 상황 2 무사 주자 1, 3루, 1루베이스 뒤에 높이 뜬 타
구에 주자가 모두 온 더 베이스 한 다음 1루주
자가 2루를 향해 달려갈 경우 ····························· **166**

폭투, 포일(패스트볼) 상황 주자 3루, 주자 1, 3루 또는 1, 2루
그리고 주자 3루일 경우 ························· **168**

번트 상황 1 주자 1루에 있을 경우 ·· **170**

번트 상황 2 주자 1, 2루에 있을 경우 ··· **172**

번트 상황 3 주자 1, 2루에 있을 경우 3루 주자를 잡기 위한
플레이 ··· **174**

배팅은 "손"으로 결정된다. 손을 뒤로 당겨 최후의 순
간까지 충분히 당겨 놓는다. 타구 때는 몸을 앞으로 움직
이고, 눈은 공을 응시하며 양쪽 팔을 충분히 편다. 손목은
공이 닿을 때까지 사용하지 않는다. 폴로 드루로 배트를
움직일 때 손목을 쓴다.

①

②

③

크로스 플레이에는 될 수
있는대로 발의 간격을 벌려
몸을 낮게 하고 발이 루에 정
확히 닿아야 한다.
　왼쪽으로 송구되면 오른발
을 루에 붙인다.

④

⑤

①

②

⑤

⑥

(3)

(4)

(7)

양손을 땅에 닿을 정도로 낮게 한다. 이렇게 해야 바운드가 변해도 곧 대비할 수 있으며 자기 옆에서 꽉 잡아 나아갈 수 있다.

공을 던져야 할 방향으로 재빨리 나오면서 확실하게 아
래로부터 위로 올리며 던진다.

모든 감독들에게

「밀워키·브류어즈」의 마이너 리그에 속한 모든 감독, 코치 및 선수들을 위하여, 야구의 기초를 익히고 올바른 훈련 방법을 제시하기 위하여 많은 전문가들의 도움을 받아 이 책은 만들어졌다. 이 책은 선수뿐만 아니라 감독들을 위한 책이기도 하다.

이 교재를 읽고 감독들 자신도 자질 향상을 꾀할 수 있을 것이며 선수들을 보다 훌륭한 선수로 키울 수 있을 것이다.

이 교재는 기초 과정의 중요성을 크게 강조하며, 어떤 선수든 기초에 충실하지 않으면 안된다고 믿는다. 젊은 선수들이 가능한 한 빨리 메이저 리그 선수가 되기 위하여서는 이 훈련 과정은 동계 훈련 때 뿐만 아니라 시즌중에도 꾸준히 계속되어야 할 것이다.

당신 자신을 당신 직업에 알맞게 육체적, 정신적으로 단련시켜라

감독의 책임

어떤 종류의 야구팀이든 성공적으로 움직이려면 감독과 야구 부장과 선수들이 아주 긴밀히 협조하지 않으면 안된다. 비록 서로 맡은 일이 다르고 남의 일에 간섭해서는 안되지만 이들은 모두 함께 일해야 하며 상대를 이해해야 하고 서로 조화를 이루어야 한다. 이것이야말로 성공의 비결이다.

감독과 야구 부장과 선수들은 모든 도구와 기타 시설들을 늘 정돈해 놓아야 한다. 감독과 선수들은 탈의실을 늘 깨끗이 하고 유니폼도 깨끗이 해야 하며 그들의 주위 환경을 언제나 명랑한 분위기로 만들어 놓아야 한다. 이런 작업들은 조금만 시간을 할애하면 되는 일이고 합숙소에서나 집에서나 원정경기 때 조금만 더 노력하면 되는 것이다.

유니폼을 입을 때 언제나 자랑스럽고, 주위환경이 잘 정돈되어 있는 것을 자랑스럽게 생각해야 한다.

경기중이거나 타격 연습 때는 선수 보호용 헬멧이나 장비를 반드시 갖추도록 하는 것도 감독의 책임이다.

이상 모든 일이 늘 지켜지도록 감독은 신경을 써야만 한다.

경기장 밖에서의 선수 관리

선수는 언제나 신사로서 행동하지 않으면 안된다. 그러기 위해서는—

1. 절대로 노름을 하지 말 것.
2. 쌍소리를 하지 말 것.

3. 호텔에서 소란을 피지 말 것.
4. 관중들을 야유하지 말 것.
5. 여성들에게 언제나 친절할 것.
6. 아침에 늦잠을 자지 말 것.
7. 과음하지 말 것.
8. 군것질을 말 것 — 다이어트를 해야 한다.

프로 선수는 언제나 정장 차림이어야 한다. 이를 위해서는—

선수는 원정지의 호텔에서나 본거지 도시에서 언제나 말쑥하고 깨끗한 차림이어야 한다. 구두는 언제나 닦여져 있어야 한다. 샌달을 신는 것은 좋으나 이 경우 반드시 양말을 신고 있어야 한다. 머리칼과 구렛나룻은 잘 다듬어져야 하며 지나친 장발은 금한다.

어느 선수를 다른 팀(같은 구단 소속의)에 보낼 경우에는 반드시—

1. 선수에게 개인적으로 통보할 것.
2. 그 선수가 활약하는데 문제점을 알려 줄 것.
3. 옮겨갈 새 구단에 즉시 통보할 것.
4. 선수 생활을 하는데 지장을 줄 신체적 고장이 있으면 새 감독에게 미리 얘기하도록 충고한다.
5. 그 선수에게 필요한 특별한 훈련이라든가 그 선수를 다루는 요령등을 적은 글을 밀봉한 봉투에 넣어 그 선수를 통해 전하도록 한다.

경기장 안에서의 선수 관리

감독들은—

■ 선수단 전체를 발전시켜야 한다.
■ 기초의 중요성을 강조하라.

■ 야구계에서 최고의 야구 교사가 되라.
■ 지식은 공포와 우유부단을 극복한다.
■ 이 지식을 선수들에게 나누어 주라.
■ 동계 훈련 기간에 정확히 가르쳐 주는 것이 중요하다.
■ 비록 시즌중이라도 계속 가르쳐 주는 것은 동계 훈련중과 같이 중요한 일이다.
■ 시간을 조직적으로 쓰라.
■ 하는 일이 목적에 맞는 것인가를 언제나 확인하라.
■ 매 분 초를 정확히 활용하라.
■ 당신은 지도자다. 지도자답게 행동하라.
■ 진취적이고 열광적이 되라.
■ 선수들에게 확신을 갖게 하라.
■ 아침 운동은 선수 능력 개발에 필요하다.
■ 스피드와 도루의 중요성을 강조하라.
■ 선수들 마음 속에 승리의 욕망을 심어 주라.
■ 선수와 감독은 일심동체가 되라.
■ 경기장 안에선 시간을 헛되이 보내지 말라.
■ 미팅은 반드시 클럽하우스 안에서 하라. 토론은 상호 의견 교환이 되므로 중요하다.
■ 선수를 야단치지 말라. 잘못은 단둘이 있을 때 이야기하라.
■ 다른 팀들은 이기기를 희망한다. 우리는 이길 것을 확신한다.

감독이 하지 말아야 할 일

■ 클럽하우스에서 맥주를 마시는 일.
■ 불펜이나 벤치에서 선수들과 떠드는 일.
■ 덕아우트나 불펜 밖에서 들어눕는 일.
■ 선수들의 회의나 버스나 타격 연습 시간에 늦는 일.
■ 매점 근처에서 얼쩡거리며 음식이나 음료수를 마시는 일. (먹고 마시는 건 반드시 클럽하우스 안에서만 하도록)
■ 투수가 경기에서 빠지려고 감독에게 말을 걸어오는 일.

컨디션 조절

스포츠 경기에 있어서 가장 중요한 요소는 바로 힘이다. 대부분의 스포츠에서 선수들이 1대 1로 맞붙을 때는 힘이 센 쪽이 유리하기 마련이다. 야구에서도 마찬가지다.

만약 두 선수가 야구의 기술이 똑같다고 하자. 이런 경우 힘이 센 쪽이 성공할 확률이 더 높다.

타격과 볼 던지기에 있어서 힘이 센 쪽이 단순히 유리하다는 것 말고도 같은 선수라도 그의 힘이 증가될 경우 그 능력도 증가될 수 있다는 점이 중요하다.

이 힘을 기르는 가장 좋은 방법은 무엇일까? 많은 이론들이 나와있다. 「타이·콥」은 달릴 때 무거운 구두를 신고 뛰었으며 「조니·마이즈」는 겨울내내 나무찍기로 힘을 길렀다. 「테드·윌리암스」는 미용체조를 했다. 많은 선수들이 보통보다 무거운 방망이를 썼으며 일부 선수는 웨이트 트레이닝을 했다.

이 모든 방법은 육체적인 단련에 효과가 있다. 근육이 보다 더 강해지기 위해서는 평소보다 더 무거운 것으로 단련해야 한다는 것은 상식이다.

무거운 방망이로 타격 연습을 하는 것은 근육을 강하게 하는 건 틀림없으나 방망이의 무게는 근육의 강도와 비례해서 점차로 무거워져야 한다.

이 원칙은 모든 경우에 적용이 된다. 나무베기나 무거운 신발 신기나 처음엔 가볍게 시작해서 근육이 충분히 강해졌다고 생각될 때 보다 무거운 쪽으로 옮겨가야 한다.

전체 근육을 함께 강화하는 가장 좋은 방법은 웨이트 트레이닝 계획에 따라 실시하는 것이다. 선수가 보다 힘을 기르려면 웨이트 트레이닝을 실시하는 것이 가장 좋은 방법이다.

웨이트 트레이닝을 통하여 근육은 서서히, 그리고 정확히 강화될 수 있다.

또, 이 과정은 사전에 면밀히 조정될 수 있다.

　야구 선수는 긴 여름 시즌을 지내기 위해서 많은 힘과 지구력을 필요로
한다. 힘을 기르는 것과 함께 심장과 폐를 튼튼히 만들어 두는 것도 중요
하다.
　이런 지구력 훈련을 해두지 않으면 혈관을 통한 산소와 질소의 공급이
원활하지 못해 근육이나 관절에 부상을 당하기가 쉽다.
　지구력을 기르기 위해 에어로빅 프로그램을 실시한 운동팀은 훨씬 성적
이 좋았고 고장도 적었다는 보고가 있다.
　브라질 축구팀의 경우와 「그린베이 패커스」팀, 「댈러스 카우보이」 팀,
「네브라스카」 미식축구팀 등은 심폐 기능 강화 훈련을 조직적으로 받는
팀들이다.
　심폐 기능 강화 훈련을 받은 선수의 경우는 그렇지 못한 선수보다 훨씬
지치지 않는다.
　미국 대학 스포츠의학誌(1978년 7월호)에 따르면, 심폐 강화 훈련(지구
력 훈련)은 4∼12주 계속 실시로 50%가량 증대시킬 수 있다고 한다.
　늦여름에 잘 지쳐 버리는 선수들이야말로 지구력 훈련을 받아야 할 선
수들이다.
　시즌 내내 달리기를 계속한 투수는 팔이 덜 지치고 고장도 적다. 이 까
닭은 달리기로 심폐 기능이 강화된 까닭에 혈관을 통한 산소 및 에너지 공
급이 원활해지기 때문이다.
　7월과 8월에 대부분의 프로 야구팀들은 투수들의 달리기 훈련을 줄이는
경향이 있는데, 이때야말로 3∼4주 기간을 잡아 컨디션 조절 훈련을 해야
할 시기이다.
　다른 포지션의 야구 선수들이라도 투수의 달리기 훈련에 1주에 1∼2 회
함께 참가하는 것이 심폐 기능 강화에 도움이 된다. 20∼30분이면 충분하
다. 이 방법 대신 20분 안팎으로 꾸준히 조깅을 계속하는 것도 좋다. 이
와함께 순발력을 기르는 스프린트 러닝(빨리 달리기)은 매일 반복되어야
한다.
　허리나 다리에 문제가 있는 선수는 달리기 대신 수영을 택할 수도 있다.
　심박동수가 120∼160 정도면 절대 피곤하지 않다. 수영을 하는 경우는
자유형보다는 평영이나 배영, 그리고 발로 물차기 연습, 워킹, 러닝, 횡영
등이 보다 바람직하다.
　경기 도중이라도 이닝과 이닝 사이에 가벼운 맨손체조를 하는 것이 근
육 이완을 위해 바람직하다. 날씨가 추울 때는 이 운동이 더욱 필요하다.

몸 풀 기

　비록 야구 선수가 아닌 다른 종목의 선수라 할지라도 다리가 중요한 것은 마찬가지다. 튼튼한 다리는 체육인에게는 곧 성공의 지표와도 같다.

　우리는 모든 선수들이 신체 조절이 잘 되어 부상당하지 않기를 바란다. 다리 부상을 예방하기 위해서는 모든 선수는 그라운드에 나서자말자 다리 풀기 운동부터 시작해야 한다.

　이 몸풀기는 경기 시작 전, 캐치 볼 연습을 하기 전에 시작해야 한다.

　선수는 이를 위해 사이드 라인 밖을 뛰거나 그라운드를 한 바퀴 돌아도 좋다.

　이 몸풀기는 매일 행해져야 하며 투수의 러닝은 감독의 지시 아래 이루어져야 한다.

　또한 트레이너에 의해 전신 몸풀기가 반드시 경기 개시 전에 이루어져야 한다.

아침 운동

　아침 운동은 매일 행해져야 하며 코치들은 다음과 같은 보고서를 작성해서 감독에게 올려야 한다.

팀 이름 :　　　　　　　　　　날짜 :

코치 :　　　　　　　　　　　　연습 시간 :

참가 선수 명단 :　　　　　　고장 선수 명단 :

진행 방법 :

타격 연습

다음과 같은 타격 연습은 꾸준히 반복되어야 한다.

타격 연습의 방법

1. 번트 2번
2. 히트 앤드 런 2번
3. 스퀴즈 1번
4. 타격 5번

연습의 순서

1. 개인 타격 연습을 끝낸 타자는 1루주자가 된다.

2. 1루주자는 히트 앤드 런 작전에 의해 2루로 진루한다.(사인과 견제구를 조심)

3. 다시 히트 앤드 런에 의해 3루로 진루. (사인과 견제구를 조심)

4. 3루주자는 스퀴즈 사인에 따라 홈으로 질주.

5. 수비 선수는 번트 수비에 주력.

6. 투수는 히트 앤드 런 작전에 맞는 공도 던져 주고 작전을 파괴하는 견제구나 공을 빼서 던져도 좋다. 이래야 타석에 선 타자는 모든 상황에 대처할 수 있게 된다.

7. 모든 수비수가 정위치에 있는 상황에서 실전과 같은 타격을 실시한다.

8. 수비수가 정위치인 상황에서 내·외야 중간에 떨어지는 노크를 쳐 주어 내·외야수가 함께 수비하도록 한다.

경기전 연습

외 야 수

1. 좌익수=2루송구 2번, 홈송구 3번
2. 중견수=3루송구 2번, 홈송구 3번
3. 우익수=3루송구 2번, 홈송구 3번

외야수를 위한 노크는 땅볼을 많이 쳐 모든 수비를 가능하도록 한다. 플라이 볼은 일정한 방향에만 치지 말고 골고루 칠 것.

내 야 수

1. 정상 속도로 노크를 쳐 1루에 송구케 한다. (1 아우트)
2. 2루 쪽으로 정상 속도로 쳐주어 1루에 송구케 한다.
3. 파울 라인 쪽으로 쳐 1루에 송구케 한다.
4. 2루 쪽으로 강습을 쳐 2루에 송구, 겟 투 연습을 시킨다.
5. 파울 라인 쪽으로 강습을 쳐 2루에 송구, 겟 투 연습을 시킨다.
6. 평범한 공을 야수 정면에 때려 1루에 송구, 다시 3루로 릴레이하게 한다.
7. 야수 정면에 때려 홈에 송구.
8. 포수를 위한 팝 플라이.

맺는 말

이웃의 프로 야구팀들과 친하게 지낼 것. 감독은 물론 선수들도 대중 앞에 자주 나타날 것.

그 고장 사람들이 자랑스럽게 생각할 수 있도록 경기에 열심인 팀을 만들 것. 관중을 야구장에 끌어모으기 위한 것이라면 무엇이든 해야 한다. 선수들은 꼭 사인을 해주어야 한다. 만약 어쩔 수 없이 못해주는 경우에는 정중히 사과하라.

관중을 무시하거나 밀쳐서는 절대 안된다.

당신은 프로 야구단을 책임맡고 있는 감독임을 늘 명심하라. 지역 주민들로부터 꼭 이겨달라는 압력을 받을 경우에도 당신의 책임을 잊지 않도록 하라.

당신보다 더 이기기를 원하는 사람은 없다. 당신은 엄청난 투자액을 책임지고 있는 사람임을 명심하라. 당신이 맡고 있는 선수들은 미래의 슈퍼 스타들이다.

이기는 것만이 중요한 것이 아니라 선수가 다치지 않도록 보호하는 일, 그들을 훌륭한 스타로 키워내는 일이 모두 당신의 책임이다.

우수 투수를 만드는 비결

이 책에는 프로 야구 선수가 갖춰야 할 각종 기본기와 훈련을 효과적으로 해 나갈 수 있는 조언이 실려 있다. 이것들을 잘 응용하면 기술 향상에 큰 도움이 될 것으로 확신한다. 여기에서는 모든 포지션에 대한 공격과 수비 기술을 함께 다루었다.

나는 이 책을 위해 협조해 준 밀워키 브류어즈의 코칭 스태프, 특히 다음 각 분야에 상세한 조언을 해준 사람들에게 깊은 감사를 드린다.

조지 밤버거—투수
샘 서플리죠—외야 수비 및 베이스 러닝
톰 감보아—타격
리 시그만—내야 수비
제리 웨인스타인—포수
죠니 눈—1루수

최선을 다해 연습하자!

투　수

스프링 트레이닝

가벼운 던지기 연습

첫날부터 투수는 곡구, 체인지 업등을 18m 정도에서 시작 45m 정도의
거리까지 던진다. 마지막 5분은 커브를 던진다. 매일 15분 이상 실시한다.

연습 경기의 피칭

연습 경기에 출전하여 던지는 것은 가능한 한 각자의 요구를 충분히 받아
들여야 한다. 특히 팔 근육등에 부상이 있었던 선수는 그 선수의 의견을
최대한 존중해야 한다.

① 겨울동안 거의 피칭 연습을 하지 않은 경우 : 하루 5~10분 정도로 시
　작해서 매일 시간을 점차 늘려 나간다. 5일 후에는 15~20분 정도 프
　리 배팅 때 던질 수 있게 하고 9일이나 10일 정도 후에는 연습 경기에
　출전시킨다.

② 겨울동안 충분한 피칭 연습을 했을 경우 : 처음부터 15~20분 정도 프
　리 배팅 때 던지도록 하고 약 6일 정도 후에는 연습 경기에 출전시킨다.

스프링 트레이닝 때의 컨디션 조절

1. 모든 투수는 단거리 달리기, 가벼운 던지기, 유연체조, 멀리 던지기,
　오래 달리기 등의 기본 훈련에 참가해야 한다.

2. 매일 그날의 훈련을 마친 투수는 다음 표에 따라 달리기를 한다.

제 1 일	10 회	70 m
제 2 일	12 회	70 m
제 3 일	14 회	70 m
제 4 일	16 회	70 m
제 5 일	18 회	70 m
제 6 일	20 회	70 m
제 7 일	20 회	70 m

일일 달리기 훈련의 예

전력 질주—가볍게 뛰기—걷기—전력 질주(20회 반복)
50회의 땅볼 수비 연습
정리 운동— 3 ～ 6분간 가볍게 뛰기, 5 ～ 10분간 던지기

다음중 일부 또는 전부의 회복 운동—걷기, 가볍게 뛰기·휴식. 20회 정도 반복한 후 휴식 시간을 점차 줄인다. 땅볼 수비 연습은 25회에서 50회 정도로 한다. 마무리 운동은 항상 달리기와 던지기를 병행한다.

주의 사항

1. 던지기 훈련이 끝나면 바로 달리기를 할 때를 제외하고 내의를 갈아 입어야 한다.

2. 달리기는 가능한 한 조별로 한다.

3. 보충 연습이 필요하면 불펜에서 실시한다.

스프링 트레이닝 때의 이론 강좌

1. 안타 혹은 기타 타구에 대해 커버 플레이, 백업할 베이스

2. 보크에 대한 규칙

3. 시험을 통한 확인

4. 커트 플레이의 사인

피   칭

투수는 공과 자기 자신을 컨트롤해야 한다.

승리 투수가 되는 비결

1. 컨트롤 : 제 1구는 반드시 스트라이크가 되도록 한다.
2. 우수한 내야수가 되어야 한다.
3. 타자의 특성을 파악해야 한다.
4. 자신감을 갖는다.
5. 전신, 특히 다리를 활용해야 한다.
6. 좋은 폼을 습관화해야 한다.
7. 목표 지점에 던지는데 전 신경을 집중해야 한다.
8. 포수와 호흡을 맞춰야 한다.
9. 단순히 던지는 것만이 아니라 전 경기가 자신에 달려있음을 명심해야 한다.
10. 모든 루를 백업할 자세를 갖춘다.
11. 1루의 커버를 항상 염두에 두어야 한다.
12. 항상 생각하며 던져야 한다.

사인을 받을 때

1. 투수판 위에서 사인을 받고 긴장을 푼다.
2. 항상 첫번째 사인만을 받아들여서는 안된다.
3. 머리와 글러브로 사인을 위장한다.
4. 포수를 움직이게 한다.
5. 3번 정도 사인을 변화시킨다. 타자가 다음 구질을 예상할 수 없도록 투구 패턴을 변화시켜야 한다. 그 마운드 주위를 걸어다니는 등 타

투수는 공을 던질 때 팔꿈치로 유도하여야 한다.

자가 초조감을 갖고 기다리도록 만든다.

6. 사인을 받은 후에 투구 동작에 들어갈 때는 글러브와 신체를 이용하여 공을 감춘다.

투수판 위에서의 위치

1. 오른손 투수는 투수판 오른쪽을 이용한다.

2. 왼손 투수는 투수판의 왼쪽을 이용한다. 이것은 타자 뒤에서, 또는 보다 앞에서 던지므로서 치기 어려운 각도의 공을 던질 수 있게 한다.

3. 오른손 투수가 왼쪽 타자와 상대할 때는 약간 투수판 안쪽에서 던져도 좋으나 너무 한가운데서 던지면 각도를 없애는 결과를 가져온다. 왼손 투수가 오른쪽 타자를 상대할 때도 같은 이치이다.

투수의 주의 사항

1. 타자와의 두뇌 싸움에서 이겨야 한다.

2. 맞춰 잡도록 한다.

3. 그날 자신이 가장 자신있는 구질이 무엇인가를 파악하고 위기일 때 그 구질의 공을 던진다.

4. 자신감을 갖는다.

5. 자신의 약점을 알고 고치도록 노력한다.

6. 경기 상황, 즉 점수, 횟수, 아웃 카운트, 볼 카운트 등을 염두에 두고 던진다.

7. 루상의 주자가 동점에 해당하는 주자인가 결승점에 해당하는 주자인가를 감안, 아웃 카운트에 따라 투구의 작전을 세운다.

8. 베이스 커버에 유의한다.

9. 자기 팀 수비력을 고려한다.

10. 심판에게 화를 내거나 불손한 태도로 대드는 것은 좋지 않다.

11. 만일 팀의 동료가 실책을 범하더라도 침착한 태도를 유지해야 한다. 자신을 컨트롤할 수 없으면 공도 컨트롤할 수 없는 것이다.

12. 던지기 전에 반드시 어느 코스로 던질 것인가를 결정해야 한다.

손목을 위로 젖힐 것을 잊지말 것.

13. 마운드 위에서 투수는 자신이 왕이라는 생각을 가져야 한다. 구두쇠
처럼 인색하고 공격적이어야 한다. 타자는 투수 주머니 속의 돈을
뺏으려고 한다.

우수 투수를 만드는 비결

투수 코치는 어떤 투구법이 적당한가를 결정해 주고 페이스를 조정해
준다. 드리 쿼터의 형태가 좋은가, 오버 드로우가 좋은가 등의 결정은 투
수 코치가 내려 주어야 한다.

감독은 어떤 투수든 시즌중에 한 번 정도는 선발 투수로 기용해야 한다.
투수를 계속해서 구원 투수의 역할만 시켜서는 안된다. 선발 투수의 로테
이션을 그대로 유지하면서 한둘씩 교체시키는 형태로 선발 투수가 될 재
목을 고른다.

투구 동작중 감독이 교정해야 할 사항

1. 투수의 팔꿈치를 잘 관찰하여, 던지는 순간 팔꿈치가 먼저 나오도록
시킨다. 또, 팔꿈치가 지면과 평행선 위로 올라온 상태에서 던져야
공의 윗 부분에 힘을 줄 수 있다.

2. 투수가 손목을 뿌리는 것을 의식하고 던지는가 확인한다.

3. 손을 확실하게 아래로 굽히면 손목 관절이 효과적으로 이용된다.

4. 모든 투수들에게 슬라이더를 가르쳐야 한다. 슬라이더를 쉽게 익히
려면 세 손가락으로 공을 가능한 한 깊숙히 잡고 던지면 된다.

5. 직구가 살아들어오도록 공을 잡는 법과 투구 동작 등을 여러 형태로
변화시켜 본다.

6. 투수는 양손을 항상 벨트 버클 주위에 위치시켜 주자를 견제해야 한
다. 손과 팔은 항상 긴장을 풀어둔다.

7. 프리 배팅 연습 때 커브를 잘 때리지 못하는 타자는 커브를 잘 던지
지 못하는 투수가 던지도록 시킨다.

8. 손가락 힘의 강화를 위해 고무공으로 연습시킨다.

9. 투수가 계속 높은 공을 던지면 던지는 목표를 포수의 스파이크나 무
릎 등에 두고 던지게 한다. 포수의 미트에 던지려고 생각하면 안된
다.

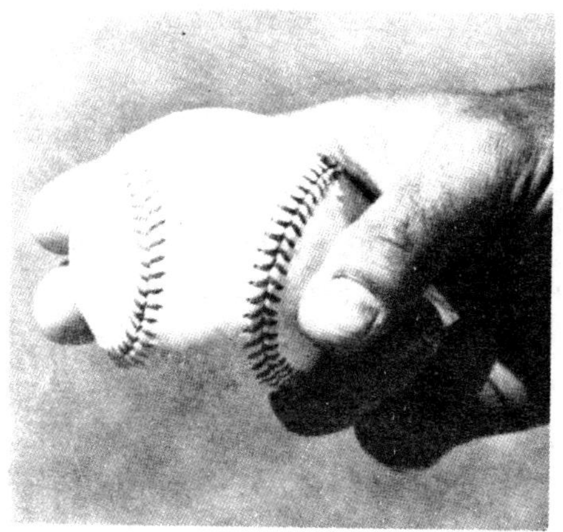

커브 볼을 던질 때의 알맞은 그립.

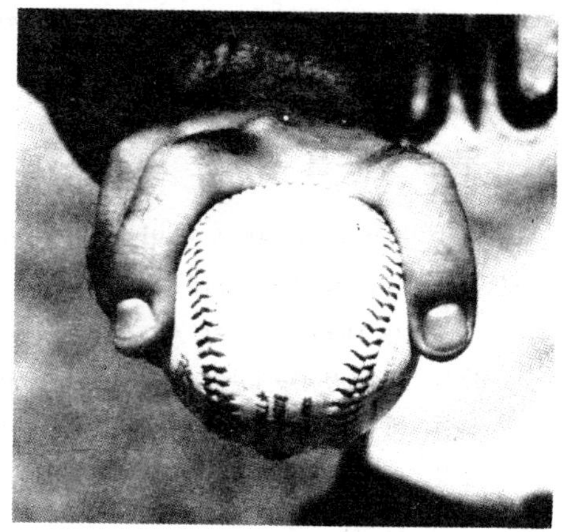

포크 볼을 던질 때의 알맞은 그립.

너클 볼을 던질 때의 알맞은 그립.

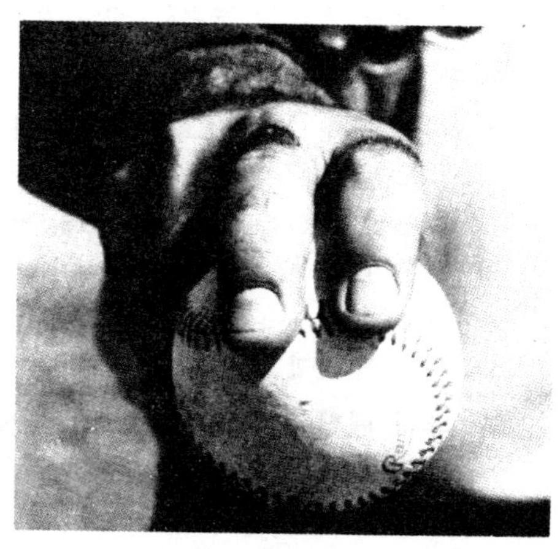

속구를 던질 때의 알맞은 그립.

10. 뒷발로 밀어 주는 힘이 부족한 투수는 앞발을 좀 더 높이 올리고 던지도록 하여 자연스럽게 뒷발의 힘을 이용하도록 한다. 이것은 앞발로 글러브를 가려서 타자의 타이밍을 뺏는 효과도 있다.

11. 던지는 순간, 전력을 다해 홈 플레이트를 향해 던진다.

12. 모자를 머리 뒷 부분에 눌러 쓰는 투수는 모자를 앞쪽으로 눌러 쓰도록 하면 컨트롤이 좋아지는 경우가 있다. 이것은 투수의 시야를 좁혀 집중력이 산만해지는 것을 방지한다.

변화구를 던질 때 유의할 점

1. 가운뎃손가락에 힘을 준다.

2. 엄지손가락에 힘을 준다.

3. 집게손가락을 공의 회전에 이용한다.

4. 팔꿈치가 어깨와 평행하게 한다.

5. 손목을 비틀어 준다.

6. 아랫쪽을 강하게 끌어당긴다.

7. 끝까지 폴로 드로우를 해 준다.

8. 공을 던지는 팔의 반대 방향으로 손과 팔을 가져간다.

9. 팔이 자연스럽게 따라가 손으로 등을 칠 정도가 되도록 한다.

10. 손목의 스냅을 이용한다.

11. 공의 회전을 천천히 증가시킨다.

12. 중심을 높게 잡는다.

체인지 업을 던질 때 주의할 점

1. 체인지 업은 타자의 타이밍을 뺏는 것이 첫째 목표이다.

2. 공을 쥐는 손가락 수를 2, 3, 4개까지 이용할 수 있게 한다.

3. 손가락 끝을 공에서 떼고 손바닥 안쪽으로 잡는다.

4. 뒷발을 끌어당긴다.

5. 체인지 업의 투구 동작은 속구와 비슷하게 해야 효과가 크다.

6. 체인지 업을 약하게 던진다는 생각을 버려야 한다. 투구 동작을 늦추는 것은 가장 큰 실수이다.

수　비

수비 위치

1. 공을 던진 후에는 더 이상 투수가 아니다. 이 순간부터 제 5의 내야수로서 어떤 플레이든 민첩하게 대응할 태세를 갖춰야 한다.

2. 투수 왼쪽으로 타구가 날아가면 무조건 1루 쪽으로 스타트하고 필요하면 즉시 1루를 커버한다. 그외의 타구는 보통 수비에 참가하지 않는다. 투수는 가능한 한 모든 번트를 처리해야 한다. 이때 어디로 송구할 것인가는 포수의 지시에 따른다.

3. 3루나 홈에서 플레이가 이루어질 때는 3루와 홈 사이에 위치해서 주자의 진루 상황과 송구등을 보고 한쪽 루를 백업한다.

번트 수비

1. 뒷발을 차는 즉시 마운드에서 재빨리 뛰어나온다.

2. 던질 곳을 보기 전에 글러브 속에 공이 들어갔는가를 확인해야 한다.

3. 주자 1, 2루 때 번트 사인이 났을 경우 다음 2가지중 하나를 선택한다.

    ⓐ 투수가 3루 쪽을 커버하고 3루수는 자기 위치에 머무른다.
    ⓑ 투수가 1루 쪽을 커버하고 1루수는 자기 위치에 머무른다.

1루 쪽으로 번트된 타구를 1루에 던지는 연습

1. 오른손 투수는 몸을 일으켜 세울 여유가 없다. 낮은 자세 그대로 1루수가 공을 보기 쉽도록 라인 안쪽으로 던진다. 1루에 가까운 위치에서는 언더핸드로 던진다.

2. 왼손 투수는 오른쪽으로 돌아서 던져야 한다. 공을 확실하게 잡은 후에 주자를 맞히지 않도록 라인 안쪽으로 던진다.

투수 앞에 번트한 타구를 1루에 던지는 연습

1. 쇼트 바운드로 잡는다.
2. 자세를 바로 잡고 공을 확인한 후 던진다.

3루 쪽으로 번트된 타구를 1루에 던지는 연습

1. 오른손 투수는 오른발로 딛고 바로 1루에 던진다.
2. 왼손 투수는 글러브 속에 볼이 들어갔는가를 확인하고 투스텝으로 오른쪽으로 돌아서서 1루에 던진다.

번트된 타구를 2루에 던지는 연습

1. 누가 베이스를 커버하는가를 알고 포수의 지시에 따라 플레이한다.
2. 몸의 중심을 확실히 잡아야 한다. 중심이 흔들린 상태에서 던지면 안된다.
3. 오른손 투수는 왼쪽으로 번트된 타구를 잡아 오른발을 축으로 돌아서 엉덩이가 완전히 포수에게 보이는 자세로 자신있게 2루에 던진다
4. 오른손 투수가 오른쪽에 번트된 타구를 잡으면 왼쪽으로 완전히 2루 쪽으로 돌아서서 자신있게 던진다.
5. 왼손 투수는 왼쪽으로 번트된 타구를 잡아 왼발을 축으로 돌아서 자신있게 던진다.
6. 왼손 투수가 오른쪽으로 번트된 타구를 잡으면 왼발을 축으로 오른쪽으로 돌아서서 자신있게 2루로 던진다.

번트된 타구를 3루에 던지는 연습

1. 오른손 투수가 오른쪽에 번트된 타구를 처리할 때는 왼쪽으로 돌며 던진다. (필요하면 완전히 돌아선다)
2. 오른손 투수가 자기 왼쪽에 번트된 타구를 잡으면 완전히 돌아서 재빠르게 던진다. (상당히 어려운 플레이다)

3. 왼손 투수가 왼쪽 선상에서 공을 잡으면 반 바퀴 돌아서 발을 딛고 던진다.

4. 왼손 투수가 오른쪽의 공을 잡으면 엉덩이를 뺀 낮은 자세로 위치에 따라 사이드 드로우 또는 언더핸드로 3루에 던진다.

1루의 커버

1. 1루를 향해 재빨리 움직인다. 베이스 5피트 앞에서 공을 잡아 베이스 안쪽에 어느 발이든지 닿는대로 터치한다.

2. 베이스에 태그한 후에 내야 쪽으로 비켜서 주자와 충돌하지 않도록 한다.

3. 다른 주자가 있을 때는 주자의 상황에 주의하고 필요하면 3루나 홈에 던질 태세를 갖춘다.

4. 토스해주는 공을 꽉 잡으려 해서는 안된다. 가볍게 잡아야 한다.

5. 1루수가 공을 펌블할 때도 같은 식으로 1루로 뛰어서 한 발을 베이스 위에 대고 1루수가 발을 뻗어 잡는 식으로 송구를 기다린다.

더블 플레이 때 2루에 던지는 연습

1. 항상 누가 2루를 커버하는가를 알고 던져야 한다. 보통 유격수가 2루 쪽으로 달리기 때문에 유격수에게 던져 유격수가 더블 플레이를 끝내도록 한다.

2. 송구는 유격수에게 한다.

3. 2루수에게 던질 경우는 2루 위로 직접 던진다.

렉 가드는 기본적인 포구 스탠스로 있을 때 최상의 보호 역할을 하며, 와이어 마스크를 통해 낮은 공이나 땅볼을 잘 볼 수 있다.

포　수

절대로 빠뜨려서는 안된다

　투수의 비중이 야구에서 절대적이긴 하지만 투수의 성패에 가장 큰 영향을 주는 사람은 포수이다. 뛰어난 포수는 보통 투수를 훌륭한 투수가 되도록 도울 수 있으나 형편없는 포수는 아무리 좋은 투수가 있어도 망쳐 버리고 만다.

　포수의 가장 큰 임무는 공을 받는 것이다. 특히 낮은 공, 바운드된 공을 잘 받아야 한다. 투수는 낮은 공에 따라 승패가 바뀐다. 보통 높은 폭투보다는 낮은 폭투가 훨씬 많다. 투수에게 포수가 어떤 낮은 공도 받아준다는 확신을 갖게 해야 한다.

　공을 잘못 받아 스트라이크를 손해보고 투수를 위기에 몰아넣거나 바운드 볼을 막지 못해 경기에 패하는 경우가 많이 있다는 것을 명심해야 한다.

　낮은 공, 바운드된 공을 처리할 수 있는 능력이 가장 중요하며 매일 반복해서 연습해야 한다.

　가장 중요한 것은 마스크, 렉 가드, 헬멧등의 보호 장비이다. 포수의 기본 자세에서는 그 중 렉 가드가 가장 안전하고 낮은 공을 잘 볼 수 있도록 와이어로 된 마스크를 사용하는 것이 좋다.

　포수의 자세는 신속하게 몸을 움직일 수 있고 어떤 공이든 잡아낼 수 있어야 한다.

　엉덩이를 무릎보다 높게 하고 양발의 간격이 어깨보다 넓은 자세가 안정되고 기민한 행동에 도움이 된다. 발의 위치보다는 발가락에 체중을 싣는 것이 중요하다. 한쪽 발꿈치가 들릴 정도로 어느 한쪽으로 체중이 쏠려서는 안된다. 그런 경우 반대 방향으로 몸을 움직이기 어렵게 된다.

두 발을 어깨보다 넓게 벌린다.

　오른발 뒷꿈치를 약간 올리는 것은 괜찮다. 이것은 대부분의 폭투가 포수 오른쪽으로 가기 때문에 오른쪽으로 쉽게 중심을 옮기기 위한 것이다. 왼쪽으로 옮기는 것은 약간 어려워지지만 오른손 포수의 경우 미트가 왼손에 있으므로 큰 지장은 없다.
　대부분 포수들은 바운드된 공을 너무 적극적으로 잡으려는 경향이 있다. 즉 막아내기 보다 잡으려고 한다. 그러나 잡기보다는 일단 막아서 가까운 앞쪽에 떨어뜨리려는 자세가 좋다.
　"월링"이라는 기술을 연습한다. 두 무릎을 넓게 벌려 땅에 대고 엄지손가락이 바깥쪽을 향하게 해서 다리 사이에 손을 둔다. 이렇게 하면 공이 팔꿈치에 맞아 부상을 당하거나 밖으로 튀어나가는 것을 방지할 수 있다.
　왼쪽이나 오른쪽으로 바운드된 속구를 막을 때는 엉덩이가 공 바깥쪽까지 나간 자세로 해야 한다. 밖으로 빠지는 공은·몸을 공보다 바깥쪽까지

엉덩이를 무릎보다 높게 한다.

움직여야만 막을 수 있다.

한가운데로 바운드하는 속구는 무릎을 땅에 대고 가슴으로 막아 앞에 떨어뜨린다. 어깨를 안쪽으로 좁혀서 가슴에 맞고 바깥쪽이나 머리 위로 튀는 것을 방지한다.

18 m 정도에서 던지는 속구를 다룰 때는 축구에서 골 키퍼가 공을 잡는 자세가 가장 좋다.

커브나 슬라이더는 회전 반대 방향으로 바운드하기 때문에 약간 다른 방법으로 처리해야 한다. 예를 들면, 오른손 투수의 커브는 포수의 왼쪽으로 바운드한다. 따라서, 오른손 투수의 커브가 포수 오른쪽으로 바운드되면 속구할 때 처럼 몸 중심에서 처리하기보다 약간 안쪽에 머무른 채 처리해야 한다. 오른쪽 어깨를 이용하여 볼을 막아 보면 쉽게 감각을 익힐 수 있다.

공을 잡기보다는 막아내는 자세를 갖는다.

포수는 커브가 휘는 쪽 발에 체중을 실어 투수의 실수로 빠져나가는 폭투에도 대비해야 한다. 대부분 커브가 바운드될 때는 포수 바깥쪽으로 빠지는 때이므로 중심이 그 방향으로 쏠려 있다면 몸을 움직이기 쉬워진다.

또 포수는 스탠스를 조절하면 효과적일 때가 있다. 슬라이더는 보통 홈 플레이트의 바깥쪽 2분의 1을 목표로 던져서 오른손 타자의 바깥쪽으로 낮게 들어온다. 포수는 투구 직전에 안쪽이나 바깥쪽으로 반 스텝 정도 움직여서 어떤 바운드이든지 대비할 수 있는 이득을 볼 수 있다.

이 방법은 슬라이더 뿐 아니라 투수의 구질에 따라 커브에도 이용할 수 있다.

포수는 보통 경기중에서보다 연습중에 나쁜 버릇을 들이기 쉽다. 완벽한 연습만이 완전한 경기를 만든다는 사실을 명심해야 한다.

거의 모든 포수들이 불펜에서 투수의 연습 투구를 받을 때 보호 장비를

"윌링" 식으로 공을 막는다.

착용하지 않는다. 이 때문에 바운드되는 공을 피하는 습관이 든다. 또 타격 연습 때는 빠지는 공을 막지 않고 그대로 보내는 나쁜 습관을 들이기 쉽다. 따라서 프리 배팅 때나 투수 연습 때는 반드시 보호 장비를 착용시키고 연습하도록 해야 한다. (주의 : 프리 배팅 때 너무 많은 포구는 좋지 않다) 또 루상에 주자가 있거나 없거나 모든 공을 막는 습관을 가져야 한다. 이것이 몸에 배면 심리적으로도 상당히 유리하다.

어떤 효과가 나타날 때까지 연습을 실시한다. 코치는 감정을 폭발시켜 선수를 회복 불능의 단계까지 몰아넣어서는 안된다. 연습중 어떤 성과가 나타나지 않는 선수는 보충 연습을 통해 성과를 얻을 수 있는 환경을 만들어야 한다.

포수 훈련은 2분의 1정도의 속도로 던지는 공을 글러브없이 몸으로 막는 것으로부터 시작한다. 포수는 양손을 등 뒤에 두고 재빠르게 몸을 움직여 공을 막도록 한다. 손을 등 뒤에 두는 것은 공을 잡기보다 막는 습관을 붙이기 위한 것이다.

아이러닉하게도, 포수는 실제로 공을 잡으려 할 때보다 몸으로 막으려 할 때가 훨씬 더 공을 잡으려 한다.

막대기 끝에 공을 달아 연습 도구로 이용하면 효과적이다. 코치가 포수 앞에서 왼쪽, 오른쪽, 정면 등으로 볼을 움직이고 포수는 몸과 손을 공에 따라 움직인다. 코치는 속구와 커브를 흉내내서 연습시킨다.

땅볼에 대한 훈련은 양손이 공을 잡으려고 올라가는 것보다 아래로 내려서 공을 막는다는 생각을 하도록 해 준다. 보호 장비를 착용하고 주변

공을 감싸듯이 잡는다.

에 공을 노크하여 몸으로 막도록 한다. 공이 약하든 강하든 손으로 잡아서는 안된다. 이 훈련은 상당한 인내심을 필요로 한다. 30m 정도 거리까지 포수는 내야수와 같이 본능적으로 움직여야 한다. 이 훈련을 실시한 후에는 루상에 주자를 두고 포수와 주자 모두에게 공이 빠졌을 때 진루에 대비한 연습을 시킨다.

포수에게 요구되는 것은 공을 몸으로 막아 떨어뜨리고 다시 잡아서 주자가 뛸 때 보지 않고도 던지려는 자세를 취하는 것이다. 간단히 말해서 바운드되는 모든 공에 대해 항상 주자가 뛴다고 가정한 수비가 요구된다. 주자가 뛰지 않는다면 다른 선수가 던지지 말라는 신호를 해주면 된다.

주자가 도루를 할 때 공이 바운드되어 들어오면 어떻게 할 것인가? 이때는 공이 떨어진 장소, 경기 상황, 포수의 어깨, 주자의 속도 등에 따라 판단한다.

결론적으로 말해서 올바른 정신의 사람이면 모두가 시속 140Km 정도의 강속구에 정면으로 몸을 내맡기지는 않는다. 피하거나 손으로 막으려 든다. 따라서 코치는 바운드된 공을 다루는 연습을 계속 반복시켜 몸에 익히도록 해야 한다. 바운드된 공을 막는 것은 수비, 투수, 포수 모두에게 도움을 준다.

포수의 송구

유명한 포수는 주자를 아웃시킬 수 있는 능력에 따라 좌우된다. 투수의 도움이 절대적이나 도루하는 주자의 60%를 아웃시키는 것이 목표다. 이 목표를 달성하려면 2초 안에 정확히 2루에 던질 수 있어야 한다. 송구는 자세, 푸트워크, 중심 이동, 그립, 던지는 포인트 등이 주요 요소이다.

송구 동작의 키 포인트는 재빨리 목표로 정한 베이스 쪽으로 중심을 이동시키는 것이다. 푸트워크는 타자에게서 비켜나 송구 방향으로 움직일 수 있도록 한다. 모든 동작은 어떤 공이든지 오른발이 먼저 움직이므로써 시작되도록 한다. (물론 오른손 타자의 뒤쪽으로 오는 공을 2루에 던질 때는 예외) 오른발은 마운드와 홈 플레이트를 연결하는 선과 45°의 각도가

오른발을 내딛음과 동시에 그 반동으로 왼발을 2루 쪽으로 내딛
는다.

되도록 짧게 재빨리 움직인다. 동시에 왼발을 2루 쪽으로 내딛는다.　이
모든 동작은 약간 점프해서 우회전하는 형태로 공을 잡는 순간과 동시에
이루어지도록 한다.

오른손 타자의 안쪽으로 오는 공은 2루 쪽으로 향하는 동작과 함께 감싸
는 형태로 잡는다. 오른손 타자의 바깥쪽에 오는 공은 오른발을 바깥쪽으
로 내딛어서 공의 바깥쪽 면을 볼 수 있는 자세에서 잡는다.

왼손 타자의 안쪽에 오는 공을 처리하는 데는 두 가지 방법이 있다.　하
나는 공을 잡은 후 오른발을 딛어 타자에게서 벗어나는 것이고, 다른　하
나는 잡기 전에 미리 오른발을 타자 쪽으로 움직여 몸 정면에서 잡은 후에

팔은 공을 던짐과 동시에 뻗어야 한다.

폴로 드로우는 필요없다.

다시 오른발을 안쪽으로 딛고 나서 던지는 것이다. 후자의 경우는 오른발, 잡고, 오른발, 던지고」의 리듬을 타고 한다. 첫번째 방법이 훨씬 빠르지만 위험하다. 어느 쪽으로 할 것인가는 포수의 어깨, 공의 구질, 주자의 스피드, 경기 상황 등에 따라 선택한다.

다른 방법으로 타자에게서 떨어져 중심을 이동시킬 수도 있으나 중요한 점은 포수에게 가장 적합한 것을 고르는 일이다.

주자가 있는 상황에서는 항상 주자가 뛴다는 생각으로 대비해야 한다. 낮은 자세로 몸의 중심에서 잡도록 움직여야 한다. 손을 뻗어 잡으면 던지기 위해 다시 손을 몸 앞으로 가져오는 시간이 걸린다. 손이 움직이는 것보다는 공이 훨씬 빠르다는 사실을 명심해야 한다. 몸 중심에서 잡아 주머니 속의 물건을 꺼내는 듯한 자세가 기본적인 동작이다. 이 자세는 팔을 짧게 뻗어 던질 수 있다.

던지는 손이 허리보다 밑에 있으면 안된다. 글러브를 낀 손은 어깨선보다 약간 높은 자세에서 던지려는 방향으로 뻗는다. 던지는 손은 팔꿈치와 직각을 이루도록 머리에서 뗀다. 던지는 순간 적당한 역회전이 걸리도록 공이 손 바로 위에 있어야 한다. 이를 위해 글러브를 이용, 공을 손 위로밀어 준다. 이때 왼쪽 어깨는 2루 쪽을 향한다. 정확하게 공을 잡으면 회전을 쉽게 시킬 수 있고 공을 다루기도 쉬워진다. 가운뎃손가락과 집게손가락을 약간 벌리고 엄지로 밑을 받쳐 잡는다. 이렇게 공을 잡는 때는 송구 동작을 위해 몸의 중심을 옮기는 순간이다. 공을 놓는 순간 글러브는 아래로 향한다.

던지는 순간 무릎은 굽힌 채로 있어야 한다. 투수의 공이 낮을수록 무릎을 더욱 굽혀 준다. 팔은 그대로 뻗어 던진 후 2루 방향으로 향하게 한다. 포수의 송구 동작에는 폴로 드로우는 필요없다.

드리 쿼터나 사이드 드로우로 던질 수도 있지만 가능하면 오버핸드로 던진다. 특히 오른손 타자의 바깥쪽으로 낮게 들어오는 공은 머리를 왼쪽으로 틀어 오버핸드로 던지도록 한다.

목표에서 눈을 떼면 안된다. 목표에 공이 도달할 때까지 목표를 보고 있어야 한다.

3루에의 송구는 주자의 움직임을 보고 난 후에몸을 움직인다. 보다 중요한 것은 타자를 피하는 일이다. 던지는 방향에 타자가 서 있다면 정확한 송구는 불가능하다. 2루의 송구와 마찬가지로 오른발의 푸트워크가 중요하다. 투수가 던진 공의 코스에 따라 발딛는 곳을 정한다. 왼손 타자의 경우는 큰 문제가 없다. 오른손 타자인 경우, 바깥쪽 공은 타자 앞으로 나와서 던지고 가운데나 안쪽 공은 타자의 뒤쪽으로 나와서 던진다. 송구의 목표 지점은 3루의 왼쪽 부분으로 한다. 왼쪽으로 던지는 것이 중심을 잡기가 쉽고, 또 대부분 3루 방향의 악송구는 오른쪽으로 빠지기 때문이다.

타자가 스윙 후 홈 플레이트를 가로지르거나 어떤 형태로든 포수를 방해할 경우도 송구를 끝까지 완료해야 한다.

송구 기술은 송구로만 연습할 수 있다. 수많은 송구 연습을 반복해서 하는 것이 유일한 비결이다. 공의 실밥과 교차되게 칠을 하거나 테이프로 감아서 던졌을 때 감은 선을 확실히 볼 수 있으면 회전이 잘 걸린 것이다. 턱걸이, 상두근 운동, 악력 강화 운동 등이 송구에 필요한 근육을 강화시켜 준다. 단거리, 장거리 등의 달리기를 통해서 항상 좋은 컨디션을 유지해야 한다.

캐처 미트의 위치와 스트라이크

거의 대부분의 코치들은, 공을 받기 원하고 던질 수 있으며 받으려 하는 선수를 홈 플레이트 뒤에 앉히기만 하면 만족한다. 단순히 포수의 임무가 이 세 가지 뿐이라면 포수의 훈련에 시간을 소비할 필요가 없다. 그러나 이것만으로 포수의 임무가 끝나지는 않는다. 포수의 능력에 따라 투수 성적, 경기 결과에 큰 차이가 생긴다.

그렇다고 볼을 스트라이크로 만들라는 요구는 아니다. 다만 스트라이크를 스트라이크로 판정받기만 하면 족하다. 특히 아슬아슬한 스트라이크가 스트라이크로 판정되도록 하는 기술이 필요한 것이다. 이런 공은 주로 스트라이크 존의 코너 부근에서 나온다. 무릎 근처의 공, 허리 부근의 속구, 허리 근처에 떨어지는 커브등은 어떻게 포구하는 가에 따라 판정이 바뀌기 쉽다. 만일 타자라면 볼 카운트가 완 쓰리 때와 투 앤드 투 때중 어느 때가 좋은가? 대답은 분명하다. 하지만 포수에게는 그리 간단한 문제가 아니다. 완 스트라이크 투 볼 때 아슬아슬한 공이 스트라이크가 되면 투 앤드 투가 되고 볼이면 완 쓰리가 되는 것이다. 잘못된 포구 방법은 투수에

게 많은 공을 던지게 하여 쉽게 지치게 만들고 타자의 눈에도 쉽게 익숙
해지게 만든다.

　훌륭한 포구는 미트의 선택부터 시작된다. 갈라진 틈이 하나뿐인 미트
가 바깥쪽 공을 백 핸드로 잡으려 할 때 다루기 쉬우므로 가장 편하다. 손
을 미트 속에 완전히 넣으면 안된다. 손목 부분이 약간 미트 밖으로 나온
정도가 손목을 놀리기 쉽다. 손목 놀림이 부자연스러우면 공을 떨어뜨리
기 쉽고 그런 경우 스트라이크로 판정받기는 어렵다. 손목 부분은 미트의
끝에 달린 고무 부분으로 충분히 보호받을 수 있다.

　투수가 던진 공을 떨어뜨리는 일은 가끔 홈 플레이트 부근에서 깜박 공
을 못 보기 때문에도 일어난다. 이것을 방지하려면 투수가 공을 놓는 순간
미리 눈을 깜박이면 된다. 어떤 포수는 타자가 스윙하는 순간 머리를 혼
들기 때문에 공을 놓치기도 한다. 이런 때는 비디오 필름등을 이용하여 프

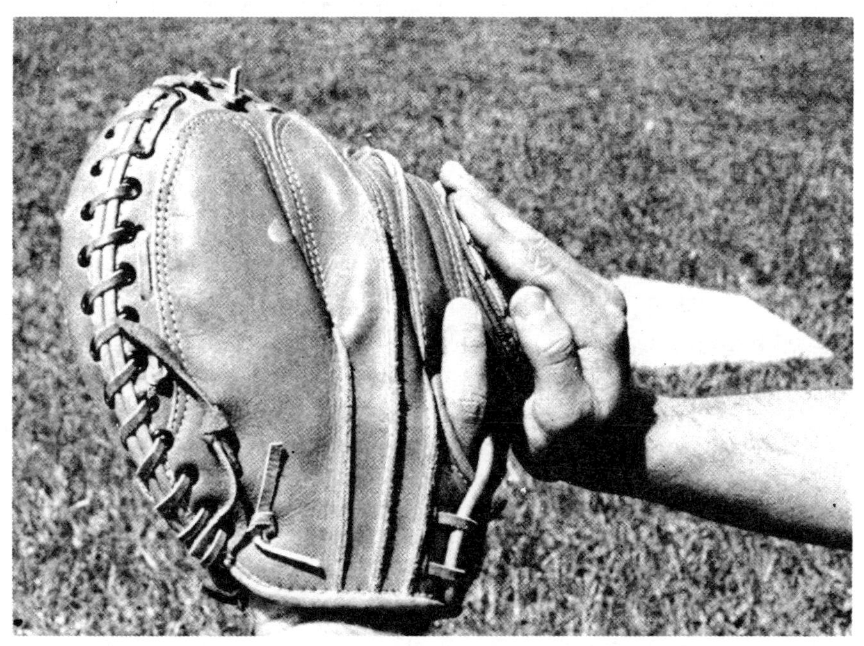

빈 손은 엄지손가락과 집게손가락을 붙인 채 미트 뒤쪽에 댄다.

리 배팅 연습 때 수정한다.

포수의 자세는 어깨보다 발을 넓게 벌리고 발끝을 바깥쪽으로 향하게 하며 엉덩이가 무릎보다 윗쪽에 오도록 해서 등을 거의 평평하게 편다. 팔을 굽힌 채로 양손을 몸에서 떼고 팔꿈치를 밖으로 낸다.

팔이 너무 펴져 있으면 미트를 낀 손과 손목이 뻣뻣해진다. 손이 몸에 가까이 있으면 홈 플레이트에서 너무 먼 곳에서 공을 잡게 되어 판정에 불리해진다. 팔꿈치를 밖으로 내는 것은 미트를 낀 손을 좌우로 움직이기 쉽게 하기 위해서다. 빈 손은 엄지손가락을 집게손가락에 붙인 채 미트 뒤쪽에 댄다. 주자가 없을 때는 무릎 뒤쪽이나 등 뒤에 두어도 된다.

많은 코치들이 가볍게 주먹을 쥔 형태를 좋아하나 손가락 관절을 다치기 쉽다. 또 여러 포수들이 공을 받을 때 손가락을 뻗는 수가 있으나 손가락을 부러뜨리기 쉽다. 손을 편 채로 있으면 파울 팁에 맞을 경우 손가락 부상을 방지할 수 있다.

공은 반드시 스트라이크 존 안에서 잡아야 한다. 홈 플레이트에 가까운 곳에서 잡을수록 스트라이크로 판정되기 쉽고 떨어질수록 볼로 판정되기 쉽다. 타자에 가까운 코스의 공은 포수 미트가 스트라이크 존을 나누는 역할을 한다. 오른손 타자의 가까운 쪽에 들어오는 공은 미트 앞면이 플레이트를 향하도록 하고 잡는다. 앞면이 투수 쪽일 때는 심판은 공대신 스트라이크 존 밖으로 나온 글러브만 보게 된다. 앞면이 플레이트 쪽일 때는 심판이 공을 보고 판정할 수 있게 된다.

바깥쪽 공은 백핸드 자세로 미트 앞면이 플레이트를 향하도록 해서 잡는다. 이것은 심판이 스트라이크 존 안의 공을 볼 수 있게 해준다. 또, 백핸드로 포구해야 공을 잡는 미트의 면적이 넓어진다. 미트가 플레이트 반대 방향이 되도록 잡으면 공을 받는 면적이 좁아져 놓치기 쉽고 공이 스트라이크 존 밖에서 포구되기 쉽다. 항상 볼을 놓치거나 스트라이크 존 밖에서 잡으면 심판은 볼로 판정하는 경향이 있다.

낮은 공(무릎 근처 또는 무릎 밑)은 미트 앞면이 위로 향하도록 손목을 굽혀서 잡는다. 앞면이 아래로 향하도록 잡으면 공이 스트라이크 존 아래로 밀려나간 상태에서 잡게 된다. 높은 공은 미트 앞면이 아래를 향하도록 하고 잡는다. 미트 앞면이 투수 쪽을 향한 채 잡으면 심판은 미트의 뒷 부분밖에 볼 수 없게 되므로 실제 공의 위치보다 8~10인치 정도 더 높게 들어온 것으로 판단하게 된다. 스트라이크 존의 코너 부근에 들어오는 공은 미트 앞면이 스트라이크 존 한가운데를 향하도록 비스듬히 잡는다.

플레이트 동작 : 4 개의 사진에서 오른쪽은 좋지 못한 동작을
보여주고 있다.

플레이트 동작 : 4개의 사진 중에서 왼쪽 포수의 동작이 알맞은
테크닉을 보여주고 있다.

주자가 도루를 할 수 없는 상황에서는 심판이 판정을 내릴 때까지 공을 잡고 기다린다. 대부분 투수에게 바로 공을 던져 주려고 잡자마자 일어나는 경우가 많은데 심판이 확실한 판단을 하지 못했을 때 일어서면 볼로 판정되기 쉽다. 심판이 판정을 내릴 때까지 기다린다면 스트라이크로 하거나 만일 볼로 선고하더라도 다음 투구 때 감안을 해 준다.

공을 잡고 기다리는 것은 타이밍이 중요하다. 심판이 확실한 판단을 할 때까지 기다리되 너무 시간을 끌어 심판에게 스트라이크를 강요하는 인상을 주어서는 안된다. 심판이 판정을 내리는데는 약간 시간이 걸린다. 미트 속의 공을 너무 빨리 꺼내서는 안된다. 너무 빨리 꺼내면 심판은 볼을 스트라이크로 선고하는 경우보다 스트라이크를 볼로 선고하는 경우가 많다. 포수에게 이런 습관을 훈련시키려면 주자가 없는 상황에서는 무릎을 땅에 대고 투수에게 공을 돌려 주는 연습을 시킨다.

스트라이크 존 부근의 공은 항상 몸의 움직임을 최소로 해서 잡아야 한다. 흔히 포수는 손으로 스트라이크 존을 주물러야 한다고 한다. 즉 나무에서 과일을 딸 때처럼 손을 부드럽게 놀려야 한다. 어떤 코스의 공이든지 흔들거나 스트라이크 존으로 끌어당기는 자세는 바람직하지 못하다. 스트라이크를 볼로 판정되게 하지만 않으면 충분하다. 단순히 심판이 판정하기 쉽게만 하면 된다. 스트라이크 존으로 억지로 밀어 넣으면 심판은 오히려 반대로 판단하는 경향이 있기 때문이다.

주자가 뛸 수 있는 상황에서는 그것을 저지하는 것이 1차 목표이고 판정에 유리하도록 하는 것은 그 다음 문제이다.

포구 훈련은 처음에는 맨손으로 테니스공을 잡는 훈련부터 시작한다. 이 훈련은 미트를 다루는 손과 손가락을 사용하는 법을 익히는데 효과적이다. 또 공을 잡는데 글러브에만 의존하려는 버릇을 없애준다. 맨손 연습은 코치와 포수가 홈 플레이트에서의 손의 위치가 어떤지 파악할 수 있다. 맨손 연습이 끝나면 글러브를 끼고 테니스공으로 연습한다. 테니스공은 가볍고 잘 튀기 때문에 확실히 잡지 않으면 글러브에서 튀어나간다. 두 손으로 받쳐 잡은 직후에 튀어나가는 것을 막으려면 재빨리 한 손으로 미트를 감싸 잡아야 한다. 한 손을 등 뒤에 두고 연습하면 한 손만으로 공을 다루는데 쉽게 숙달된다. 이 연습이 끝나면 실제 야구공으로 연습한다. 연습 과정에서 프리 배팅 포구 시간은 최소한으로 줄인다. 10분 이상 포구할 경우 피로 때문에 나쁜 습관을 들이기 쉽다.

포구 기술이 좋으면 스트리 볼(스트라이크와 볼 사이의 공)이 스트라이크가 되어 승리에 큰 공헌을 한다.

포구의 기술

포수는 강한 책임감이 있어야 한다. 팀을 리드하고 경기 전체를 지휘할 의무가 있기 때문이다. 이를 위해서는 고도의 두뇌 플레이가 요구된다.

포구 기술의 기초

투수에게 지시할 사항

1. 번트 수비 때의 송구 방향
2. 더블 플레이 때 2루를 커버하는 선수
3. 오른쪽으로 타구가 날아가면 1루로 스타트
4. 3루와 홈의 백업
5. 경기 상황에 따른 대비

3루수에게 지시할 사항

1. 주자의 속도
2. 번트 사인에 주의
3. 주자 2루 때 좌익수 앞에 안타가 나오면 3루수의 커트 플레이를 지시
4. 더블 플레이를 할 때 1점은 허용해도 되는가의 여부
5. 높은 플라이 때의 이동 방향
6. 주자가 득점할 때 3루수에게 안쪽으로 던지도록 유도

1 루수에게 지시할 사항

1. 주자의 속도
2. 번트 사인이 났는지의 여부
3. 주자의 도루에 대한 경고
4. 커트 플레이 때 어디에 설 것인가
5. 경기 상황
6. 높은 플라이 때의 이동 방향

투수의 투구에 대한 보조

1. 목표의 지정
2. 집중력
3. 속임수 동작
4. 낮은 투구를 유도
5. 폴로 드로우의 확인
6. 뒷발을 이용시킨다
7. 투구 속도의 변화
8. 무작정 던지게 하지 말 것
9. 투수의 사기 짐작

사인을 보낼 때 오른쪽 무릎이 투수를 향하게 하고 웅크린 자세에서 오른손을 사타구니 부근에 미트로 감추고 사인을 보낸다.

1. 런너 코치가 볼 수 없도록 한다.
2. 미트는 사인의 종류와 관계없이 일정한 위치에 둔다.
3. 경기 상황에 따라 대처한다.
4. 위기 때는 승부구
5. 주자가 뛸 것 같을 때나 견제구를 던질 때는 주저없이 피치아웃을 한다.
6. 사인을 급하게 보내지 말고 경기 상황을 생각하고 한다.

7. 사인을 보내는 손이 너무 낮으면 뒤쪽에 있는 다음 타자가 본다.

8. 손가락을 이용하여 알기 쉽게 한다.

9. 주자가 2루에 있을 때 투수가 사인을 보기 어려운 때는 사인을 바꾼다.

사인을 주고 나서는 포구에만 전념

1. 낮은 자세

2. 엉덩이를 하늘로 향하지 않도록

3. 엉덩이가 땅에 닿지 않도록

4. 다리를 벌린다.

5. 팔을 유연하게 굽힌다.

6. 투수가 목표를 쉽게 정하도록

7. 왼발을 약간 앞으로

8. 발가락에 힘을 준다.

9. 발꿈치를 들지 않는다.

10. 팔꿈치가 허벅지에서 약간 벗어나도록

11. 팔을 자유롭게

금지 사항

1. 심판 앞에서 불쑥 일어나는 것

2. 공을 움켜 잡는 것 (우아하게 잡는다)

3. 스트라이크 존으로 공을 끌어당기는 것

4. 커브에 몸이 따라가는 것

5. 속구에 몸이 뒤로 움직이는 것

주자가 있을 때

1. 주자는 모두 도루하는 것으로 생각

2. 주의깊게 포구. 절대로 빠뜨려서는 안된다.

3. 스틸 사인이 나는 순간을 포착

4. 왼발에 중심을 두고 오른발로 움직인다.

5. 리드미컬하게 움직인다.

6. 공을 받는 순간 공을 미트에서 꺼내 위로부터 던진다.

7. 실밥을 가로질러 정확히 잡는다.

8. 지면과 수평의 자세

9. 피치아웃이 필요하면 주저하지 말고 피치아웃을 시킨다.

10. 과감한 견제

11. 가능한 한 타자 쪽에 가깝게

12. 던지는 순간 스텝보다 회전으로

주자가 뛰는 순간의 푸트워크

1. 오른쪽 공은 오른발로 스텝

2. 왼쪽 공은 왼발로 스텝

3. 왼발로 스텝할 때 오른발은 왼발 뒤에 위치

4. 커브 때는 스텝을 미리 예상

5. 던지는 방향으로 왼발을 내딛는다.

포수의 주의 사항

1. 바운드된 공은 무릎을 꿇고 막는다.

2. 견제구로 주자를 베이스에 묶어 둔다.

3. 플레이트 앞에서의 수비는 두 손으로

4. 홈 플레이트에서 플레이할 때는 배트를 치워 둔다.

높은 플라이를 잡을 때

1. 마스크를 벗어던진다.

2. 손바닥을 위로 향해 잡는다. 홈 플레이트 앞쪽에 뜬 플라이는 오른손 투수의 커브처럼 회전하며 떨어진다. 돌아서서 가슴 위치에서 잡는다.

3. 펜스나 뒷 그물 쪽의 플라이는 먼저 가서 기다렸다 잡는다.

4. 홈 플레이트 앞쪽의 플라이는 등을 마운드로 향하고 잡는다. 공의 회전 때문에 마운드 쪽으로 휘어 떨어진다.

5. 왼쪽의 플라이는 왼쪽으로 돌아서, 오른쪽의 플라이는 오른쪽으로 돌아서 잡는다.

포수의 기술 향상을 위한 연습

1. 항상 보호 장비를 착용한다.

2. 60피트 (약 18 m) 거리에서 2명이 마주 서서 바운드시켜 공을 던지고 몸으로 막는다.

3. 100피트 거리에서 2명이 마주 보고 쇼트 바운드의 공을 던진다.

4. 웅크린 자세로 2루 송구를 반복 연습한다.

5. 내야 수비 연습 때 홈 플레이트로 던져 주는 공을 잡아 주자가 있는 것처럼 태그하는 연습을 한다.

6. 홈 플레이트 앞에 떨어뜨린 공을 글러브를 이용하여 잡는 연습을 한다.

7. 항상 던지는 방향으로 앞발을 스텝한다.

8. 던질 때 미트를 낀 팔을 뒤로 당겨 반동을 준다.

9. 실밥을 가로질러 공을 쥔다.

10. 내야에서의 송구 연습 때는 홈 플레이트 뒤에 위치한다.

11. 팔을 강화시키려면 원거리 던지기를 연습한다.

12. 몸으로 막아 떨어뜨린 공을 1루와 3루에 던지는 연습

13. 주자 1, 3루 때의 연습 : 3루 주자를 확인하고 1루나 2루에 던진다. 1루주자가 동점이나 결승점에 해당하는 주자일 경우는 3루를 보지 않고 전력으로 2루에 던진다.

14. 스탠스가 중요하다. 푸트워크에 대한 연습을 반복해서 한다.

15. 볼을 잡을 때는 기다려서 잡는다.

16. 투수의 위밍업을 도와줄 때에도 미트의 방향에 주의한다.

17. 투수의 위밍업 때는 투수에게 신경을 쓴다. 포수의 훈련보다 투수 훈련임을 잊어서는 안된다.

18. 프리 배팅 때 포구 연습은 중요하다. 이것을 잘 활용해야 한다.

19. 무엇보다도 중요한 것은 두뇌 플레이이다. 끊임없이 연구하는 자세로 연습에 임해야 한다.

내야 수비

픽오프 플레이 (Pickoff Play)

이제부터 몇 가지 간단한 픽오프 플레이를 소개한다. 모든 픽오프 플레이는 수많은 훈련을 거듭한 끝에 시도되어야 하며 타이밍이 성공의 열쇠이다.

데일라이트 플레이 (햇빛을 이용한 플레이)

이 플레이는 유격수와 투수 사이에 이루어진다.

유격수는 2루주자 뒤를 왔다갔다하는 동작을 반복하면서 조금씩 2루베이스에 접근한다.

투수는 세트 포지션 상태에서 2루를 쳐다보고 있다가 주자와 유격수 사이에 햇빛이 보이는 순간 1/1000초의 빠르기라는 느낌을 가지고 재빠르게 2루에 공을 던진다. (유격수와 주자의 그림자가 엇갈리는 순간을 말함)

포수의 픽오프 플레이

이 플레이는 주로 포수의 사인에 의해 이루어지나 때때로 내야수의 사인에 의해 시도되기도 한다. 이때 내야수는 포수에게 사인을 낸다.

포수는 어떤 경우에라도 투수에게 픽오프 플레이를 시도할 때가 됐다는 사인을 보내야만 한다.

포수, 내야수, 또는 투수가 주자의 리드가 길다고 생각되어질 때 이들 사이에 픽오프 사인이 오고간다. 이 신호는 귀를 만진다든가 모자챙을 잡는 등의 여러가지 동작으로 이루어진다.

투수가 이 사인을 알아차렸을 때 포수는 투수에게 어느 베이스에서 픽오프 플레이가 일어나게 되는지에 따라 각기 다른 사인을 보낸다.

포수는 투수에게 다음과 같은 요령으로 사인을 보낸다.

손가락 하나는 퍼스트, 손가락 두 개는 2루수가 참여하는 세컨베이스, 손가락 3개는 유격수가 참여하는 세컨베이스, 손가락 네개는 더드베이스에서 일어나는 픽오프 플레이를 뜻한다.

투수가 픽오프 플레이 사인과 어느 베이스에 송구할 것인가를 확인한 다음에는 픽오프 플레이에 참여하는 내야수들과 함께 포수의 오른쪽 무릎 위에 놓여 있는 오른손(움켜진 상태)을 주목해야 한다.

포수의 오른손이 펴짐과 동시에 투수는 픽오프 플레이를 시도할 베이스로 빠르게 송구하며 내야수는 베이스로 돌진한다.

1루수와 투수의 픽오프 플레이

이 플레이는 번트 공격이 시도될 때 이루어진다.

파울 볼이나 볼이 있은 다음의 투구 때가 이 플레이를 하기 위한 가장 좋은 순간이다.

이 플레이는 1루수가 투수에게 다가가서 직접 이야기하거나 두 선수 사이의 사인으로 이루어진다.

또 벤치에 있는 감독이 직접 이 플레이의 사인을 내기도 한다.

예) 1루에 주자가 나가 있고 번트 사인이 났을 경우, 파울 볼이 났거나 투수의 투구가 볼로 선언된 다음 이 플레이를 시도한다.

일단 픽오프 플레이 사인이 나면 1루수는 번트 수비를 하기 위해 달려나가는 것처럼 크게 두 스텝을 내디딘다.

두 스텝을 크게 내디딘 다음 재빨리 몸을 돌려 1루 베이스로 되돌아 오면서 태그 플레이를 시도한다.

이때 투수는 1루수가 1루베이스로 돌아오는 시간을 내주기 위해 공을 잡고 잠시 기다려야 한다.

유의) 모든 투수가 픽오프 플레이를 시도함에 있어 재빠른 동작을 취할 수 있다고 생각하면 안된다.

모든 투수는 픽오프 플레이를 배워야 하며 충분한 훈련을 쌓아야 한다.

그러나 실전에서 어떤 투수에게 픽오프 플레이를 시도시켜야 할지
는 포수가 결정해야 한다.

시퀀스 플레이(Sequence Play)

1루와 2루에 주자가 있고 번트 공격을 할 경우 이 플레이를 시도한다.
이 플레이에는 두 가지의 방법이 있다.

1. 이 플레이는 투수가 스트라익을 던져야만 성공할 가능성이 높아진다.
   1루수 3루수 또는 감독에 의해 작전이 세워지고 사인을 보내거나 직
   접 마운드에 가서 투수에게 이야기를 하기도 한다.
   투수가 투구 자세에 들어가면 3루수는 번트 수비를 하기 위해 앞
   으로 달려가며 유격수는 3루베이스로, 2루수는 2루베이스로 각각
   뛰어 들어간다.
   이때 1루수는 1루베이스를 지키며 투수는 1루 쪽으로 흐르는 번트
   에 대한 수비를 맡는다.
   만약 이 플레이를 시도했을 때 강한 번트가 되면 더블 플레이의
   가능성이 매우 높아진다.

2. 만약 왼손 타자가 타석에 나오거나 오른쪽으로 번트를 잘 대는 것으
   로 알려진 오른손 타자가 나오면 1루수는 번트 수비를 위해 달려나
   가고 2루수는 1루베이스로, 유격수는 2루베이스로 각각 뛰어들어간
   다.
   이때 투수는 3루 쪽의 번트 타구를 수비하며 3루수는 3루베이스를
   지킨다. 주자가 1, 2루에 있을 경우 대부분의 번트 타구는 3루 쪽으
   로 흐르며 이때 수비의 책임은 당연히 3루수에게 돌아간다.
   이 플레이는 투수가 스트라익을 집어 넣기만 하면 그렇게 어려운
   플레이가 아니다. 일단 번트가 시도되고 플레이가 벌어지면 포수는
   항상 어떤 선수가 수비를 해야하는지를 크게 소리쳐 알려줘야 한다.

런다운 플레이(Rundown Play)

1. 언제나 원래 주자가 있던 베이스 쪽으로 주자를 몰고가야 한다.

2. 주자가 양쪽 베이스의 가운데에 이르렀을 때 부터 런다운 플레이를 시작해야 한다.

3. 수비 선수는 항상 높은 송구 자세(공을 위로 치켜 든 상태)로 주자의 뒤를 쫓아야 한다.

4. 주자를 쫓는 수비 선수들은 주자가 달리는 길의 어느 한쪽을 택해 같은 위치에 서 있어야 한다. 그래야만 주자를 사이에 두고 공이 엇갈려 주자의 몸에 맞지 않게 된다.

5. 주자를 태그하는 선수는 베이스 라인 안쪽 1m 정도 베이스 앞에 있어야 한다.

6. 주자가 태그할 선수로부터 3미터 정도 앞에 오면 태그할 선수는 앞으로 뛰어나가면서 반대쪽 선수에게 "지금"이라고 소리친다. 그러면 반대쪽에서 주자를 쫓던 수비 선수가 태그할 선수에게 공을 던져 주고 태그 플레이가 이루어진다.

7. 단 한 번의 송구로 플레이가 이루어지도록 완벽하게 플레이를 진행해야 한다.

수비 자세

1. 각자의 체격에 알맞는 정도로 다리를 벌리되 너무 넓게 벌리지 않도록 한다.

2. 발가락은 똑바로 앞을 향한다.

3. 체중은 발의 앞쪽에 둔다.

4. 무릎은 약간 구부린다.

5. 몸은 약간 앞으로 수그린다.

6. 두 팔은 무릎으로부터 뗀다.

7. 몸은 꼿꼿이 펴지 않고 약간 웅크린 자세를 취한다.

8. 투수가 투구를 하면 앞으로 뛰어나갈 예비 동작으로 발바닥을 끌면서 앞으로 약간 나간다.

9. 수비 자세에 들어가면 글러브를 벌린 상태로 유지한다.

10. 공이 글러브에서 튀기는 실수를 하지 않도록 공을 잡는 순간 글러브를 빠르게 벌려 준다.

11. 타구는 항상 몸의 가운데에서 잡는다.

12. 모든 공은 몸의 앞쪽에서 잡도록 하며 부득이한 경우 백핸드 수비를 하되 자신감을 갖고 공을 잡도록 한다.

13. 엉덩이는 항상 낮게 한다.

14. 글러브는 지면에 붙여 볼이 굴러들어가도록 한다.

15. 머리를 앞으로 숙여서 볼이 글러브로 들어가는 것을 확인한다.

16. 발꿈치를 들고 타구를 쫓는다.

17. 현재 일어날 수 있는 모든 수비 상황을 머리 속에 그려 둔다.

18. 양손의 긴장을 푼다.

19. 던지는 쪽(오른손잡이의 경우 몸의 오른쪽)에서 공을 잡을 경우 일단 공이 온 쪽의 발을 슬라이딩하는 식으로 하여 잡고 다시 그쪽 발끝을 축으로 하여 송구 자세를 취한다.

20. 내야수는 자신의 수비에서 어느 쪽이 약한가를 정확히 알고 약한 쪽의 수비 능력이 향상될 때까지 약한 쪽에 치우쳐 수비해야 한다.

21. 내야수는 자신의 송구 능력과 수비 범위를 감안해서 수비 위치(깊거나 얕거나)를 결정해야 한다.

22. 대체로 글러브를 낀 손 쪽으로 수비하는 것이 쉽다.

23. 진행 방향의 반대쪽 발이 먼저 나가는 스텝(크로스 오우버 스텝 : Cross over step)은 타구가 몸의 측면으로 지나갈 때만 사용한다.

24. 땅볼은 양손을 몸의 앞쪽으로 내민 상태에서 잡는다.

25. 바운드가 불규칙한 타구는 타구의 변화에 수동적으로 대처하지 말고 적극적으로 나선다.

26. 내야수는 항상 자신에게 유리한 상태에서 공을 잡아야 한다. 가능하
    면 쇼트 바운드(공이 지면에서 뛰어오르는 순간)로 잡는 것이 유리
    하다.

27. 손은 항상 공 밑에 위치하도록 한다.

28. 공은 예상했던 것보다 훨씬 낮게 올 수가 있다는 사실을 명심해서 항
    상 자세를 낮추어야 한다.

29. 가능한 한 많은 내야 땅볼을 잡는 연습을 한다. 내야수는 펑고 스틱
    (**Fungo Stick** : 수비수에게 연습공을 때려 주는 배트)에 의해 만들
    어진다는 사실을 기억하라.

내야수의 기본 자세

　자신이 책임지고 있는 포지션에 책임을 다하라. 모든 내야수는 아
래 사항을 지켜야 한다.

1. 모든 내야 수비 연습을 반복, 숙달토록 한다.

2. 모든 타구가 나를 향해 날아온다는 것을 항상 명심하라.

3. 타구가 날아오기 전에 공을 잡은 다음 일어날 수 있는 상황을 확실
   히 알고 있어야 한다.

4. 타구의 속도를 정확히 파악할 것. 그렇게 하면 어느 베이스로 송구
   해야 할지를 결정하는데 도움이 된다.

5. 어느 베이스로 송구해야 플레이가 쉽게 일어날 수 있게 되는지를 결
   정해야 한다.

6. 아웃 카운트와 횟수를 기억하라.

7. 어떤 타자가 타격을 하고 있는지 알고 있어야 하며 그 선수의 타격
   특성(당겨치나, 바로치나, 밀어치나)을 파악하고 있어야 한다.

8. 내야 수비 연습을 자신의 체력 향상에 도움이 되는 것이라고 생각하
   여 절대 게을리하지 말아야 한다.

9. 먼거리에서 던지도록 할 것. 릴레이에 필요한 강한 어깨를 만드는데 도움이 될 뿐만 아니라 일반적인 송구 능력 향상에도 도움이 된다.

10. 민첩성을 향상시키기 위해 혹독한 강훈련이 필요하다. 한번에 3명 이상의 선수가 훈련하지 않도록 한다.

11. 투수의 구질을 미리 알고 있어야 한다. 구질에 따른 타구의 방향을 예측할 수 있기 때문이다. 유격수는 3루수에게, 2루수는 1루수에게 각각 투수의 구질을 알려 주도록 한다.

12. 높게 뜬 모든 타구는 외야수가 달려나올 때까지 쫓아가도록 한다. 외야수의 콜을 듣기 전까지는 그 타구는 내야수의 것이다. 콜을 듣고 비켜줘도 늦지 않다.

13. 내야에 높이 뜬 타구는 포수가 잡지 않도록 한다. 아무런 장비도 착용하지 않은 내야수가 잡는 것이 훨씬 쉽다.

14. 더블 플레이를 시도할 때 첫번째 아웃 카운트를 잡을 선수가 베이스로 뛰어들고 있는지를 반드시 확인해야 한다.

15. 내야 땅볼을 잡는 내야수는 공을 잡을 뿐이고 더블 플레이를 완성시키는 사람은 두번째 아웃 카운트를 잡는 선수이다.

16. 더블 플레이를 시도할 때 두번째 아웃 카운트를 잡는 선수에게 정확한 송구를 해야 한다.

17. 타구가 더블 플레이를 시도하는데 적합한지를 확실히 결정해야 한다. 더블 플레이는 첫번째 장소에서 아웃 카운트를 잡지 못해 실패할 경우가 많은데 이것은 타구가 더블 플레이를 시도할 만큼 빠르지 않았기 때문이다.

18. 옆에 있는 동료 내야수의 수비 범위를 알고 있어야 한다.

19. 외야수의 송구 능력을 알고 있어야 한다. 그래야만 컷오프 맨(Cut off man : 중계하는 선수)이 되었을 때 얼마나 멀리 쫓아나가야 하는지를 결정할 수 있다.

20. 타자주자의 주력을 알고 있어야 한다.

21. 타구를 놓치게 되어도 가능한 한 몸 주위에 떨어지도록 해야 한다. 제 2의 동작으로도 얼마든지 주자를 잡을 수 있다.

22. 진루를 계속하는 주자가 베이스를 밟고 지나가는지를 항상 확인해야 한다.

송   구

1. 송구의 생명은 정확성이다.

2. 송구 연습에서 좋은 기초 훈련 방법을 채택해야 송구의 정확성을 높일 수 있다.

3. 공이 두 선수 사이로 던져질 때(포수의 2루 송구와 같은 경우)는 송구 지점이 결정되어 있어야 하고 송구하는 선수는 반드시 정해진 지점으로 송구해야 한다.

4. 위밍업을 위한 송구는 하지 않는다. 모든 송구는 정확성을 기르기 위해 행해져야 한다.

5. 정확하고 빠른 송구를 위해 어깨 위로 던지는 송구 방법을 익히도록 한다.

6. 가능하면 공의 실밥을 가로질러 잡아서 송구한다.

7. 투수의 경우처럼 내·외야수는 물론 포수도 송구가 끝난 다음에도 송구 후의 동작을 계속한다.

8. 내야에서 일어나는 상황 가운데 어깨 위로 던지는 송구 방법을 사용해서는 안될 경우가 종종 있다. 포수를 포함한 모든 내야수는 주자의 속도가 빠르거나 아웃, 세이프의 판정이 아슬아슬한 경우, 재빨리 이 상황을 파악하여 옆으로 던져 주어서 주자를 잡도록 해야 한다.

9. 어깨를 강하게 하기 위해 좀 더 먼 거리에서 송구하도록 한다.

10. 내야 땅볼은 앞으로 달려나가 잡는 것이 빠르고 정확한 송구를 하는데 도움이 된다.

11. 포수 및 내·외야수는 너클 볼, 커브 볼로 위밍업을 해서는 안된다.

내야 수비력 향상 방법

1. 가능한 한 많은 땅볼을 잡는 연습을 한다.

2. 내야 수비 연습은 바로 자신을 위해 한다는 생각으로 한다. 이 연습
   은 게임이 시작되기 전까지는 아무 의미도 없는 것이다.

3. 가능한 한 어려운 경기를 많이 치루도록 한다. 2 게임에 1 게임 정
   도씩

4. 급한 상황에서는 한 손을 사용한다.

5. 민첩성을 기르기 위해 줄넘기를 한다.

6. 수비 범위를 넓히기 위해 몸을 항상 움직이도록 한다.

7. 다른 내야수들과 함께 땅볼을 굴려 주고 던져 받는 연습을 한다.

8. 빠른 시간 내에 땅볼을 잡으러 뛰어나가기 위해 발목에 가볍게 무게
   를 둔다.

9. 더블 플레이 연습은 반복을 거듭한다.

10. 강한 어깨와 팔을 만들기 위해 원거리 송구 연습을 해야 한다.

11. 다른 내야수와 공을 주고받을 때 일정한 장소를 정해 놓고 그 곳에
    송구하는 연습을 한다.

12. 3루수 : 3루선상으로 공의 윗 부분에 배트가 맞은 것과 비슷한 느린
    공을 던지도록 한 다음 그 공을 향해 달려나가 반쯤 구부린 상태에
    서 글러브를 안 낀 손으로 공을 잡는다. 그리고 다시 그라운드에 공
    을 찍어넣듯이 볼을 내려놓는다.

13. 타구가 자기 왼쪽 또는 오른쪽으로 온다는 가정 아래 크로스 오우버
    스텝(Cross over step : 몸의 진행 방향의 반대 발이 먼저 나가는 스
    텝) 연습을 한다.

14. 다른 내야수와 짝을 맞춰 언더핸드로 송구 연습을 한다. 더블 플레
    이를 시도한다는 가정 아래 손목을 꼿꼿하게 하여 던진다.

15. 송구 연습 또는 어려운 경기를 진행중일수록 양손을 부드럽게 가져
    야 한다. 글러브에 부드럽게 공이 들어올 수 있도록 해야 한다.

16. 유격수나 2루수는 공이 튀어나가지 않을 정도의 크기와 다루기 쉬운 정도 크기의 글러브를 사용하는 것이 좋다.

17. 가능한 한 높이 뜬 타구를 많이 잡도록 한다.

18. 외야를 등에 지고 공을 쫓아 뒷걸음치는 연습을 한다.

19. 자신의 약한 쪽으로 달려나가는 연습을 한다.

태그 플레이 방법

1. 베이스를 확보한다.

2. 볼이 빠져나가지 않을 만큼 글러브를 꽉 쥔 다음 글러브의 등으로 태그한다.

3. 주자에게 공을 보여서는 안된다.

4. 아웃, 세이프가 아슬아슬한 순간에는 글러브 위치를 낮게 해서 위로 치켜든다.

5. 항상 심판에게 자신의 플레이로 주자가 아웃되었다고 확신하는 모습을 보이도록 한다.

6. 슬라이딩으로 베이스에 들어온 선수의 경우 옆에 꼭 붙어있어야 한다. 슬라이딩으로 베이스에 들어온 선수는 종종 베이스에서 떨어질 때가 있다.

7. 슬라이딩을 해서 베이스와 멀리 떨어진 선수의 경우는 그 선수의 손을 보고 태그한다.

8. 달려들어오는 주자에게 아무런 플레이가 이루어지지 않는다는 듯이 두 손을 벌리고 똑바로 선다. 이때 주자는 대체로 뛰던 속도를 줄이게 되는데 바로 이 순간이 태그 플레이를 할 기회인 것이다. (이 플레이는 2루에서보다 3루에서 훨씬 많이 일어난다)

1루 수비

1루수는 다음에 열거하는 상황에 따라 3가지 수비 위치를 갖게 된다.

깊은 수비

1. 왼손잡이 강타자가 타석에 나올 때
2. 장타에 의한 득점을 허용하지 않기 위해 파울 라인 쪽 수비를 강화할 때

중간 수비

1. 오른손 투수에 오른손 타자가 타격을 하고 있을 때
2. 번트 또는 푸시 번트(Push bunt : 밀어 붙이는 번트) 공격시

얕은 수비

1. 틀림없이 번트 공격이 시도된다고 생각될 때

1루수는 다음 사항을 반드시 지켜야 한다.

1. 만약 다음 자세가 불편하지 않으면 공의 방향에 따라 베이스를 밟는 다리의 위치를 바꾸도록 한다.

   예) **오른손잡이 1루수** : 송구가 오른쪽으로 날아왔을 때는 오른발을 베이스의 오른쪽(우익 쪽)에 터치하고 왼발을 뻗고 잡는다. 역싱글이 되는 수도 있는데, 이것을 크로스 오우버 스텝이라고 한다. 송구가 왼쪽으로 날아왔을 때는 오른발을 베이스의 왼쪽(본루 쪽)에 터치하며 왼발을 뻗고 잡는다. 몸의 중심으로 올 경우에는 어느 쪽 발을 올려놓아도 무방하다.

송구가 오른쪽으로 날아왔을 때는 왼손잡이 1루수는 왼발을 1루
베이스 위에 둔다.

2. 그러나 공이 베이스에 치우쳐 올 때는 발을 바꿀 필요가 없이 좌·우 어느 발이 되든 뒤쪽 발을 길게 뻗쳐 잡도록 한다.

3. 뒤쪽 발을 길게 뻗쳐 공을 잡을 때(왼손잡이는 왼쪽 발, 오른손잡이는 오른발) 최대 도달 거리를 확보할 수 있다.

4. 한 손으로 공을 잡는 버릇을 길러야 한다.

5. 나쁜 송구는 몸을 이용해서라도 모두 막아내야 한다.

6. 주자가 긴 리드를 잡을 때는 반드시 투수에게 알려 주어야 한다.

7. 나쁜 송구를 잡아 주자를 태그할 경우, 쿡 찌르는 태그를 하지 말고 태그 후 자연스럽게 주자가 뛰어나간 방향으로 글러브를 돌리도록 한다. 이렇게 하는 것이 주자가 자연스럽게 태그 아웃되는 길이다.

8. 한 손으로 공을 잡는 연습 방법은 글러브를 끼지 않은 손을 뒷주머니에 끼고 포구하면 된다. 이런 방법으로 연습하면 자연스럽게 자신감이 붙는다.

9. 모든 타구는 일단 몸 앞에 떨어뜨린다. 필요하다면 무릎을 꿇고 공을 몸 앞에 떨어뜨린다. 1루는 가까운 곳에 있으므로 언제든지 플레이를 계속 할 수 있다.

10. 공은 가능한 한 몸에서 먼 곳에서 잡도록 한다. 가슴 앞까지 온 다음에 잡는 것은 절대 금물이다.

11. 픽오프 플레이를 할 경우 투수가 견제구를 정확하게 던질 수 있는 표적을 만들어 주어야 한다.

12. 수비를 하기 위해 베이스를 떠나는 것을 두려워하지 마라.
    이 경우는 철저하게 자신의 판단에 따른 것이므로 1루에 되돌아가서 다음 플레이를 계속할 수 있는지의 여부를 결정지어야 한다.

13. 2루수의 수비 범위를 확인해 둔다.

14. 자신의 수비 범위 내의 모든 플레이를 성공시켜야 한다.

15. 2루수에게 보다 안전하다고 생각되는 타구는 재빨리 양보한다.

16. 1루수가 잡기 쉬운 높이의 앞 타구에 대해서는 투수, 포수에게 소리를 질러 자신이 잡겠다는 신호를 한다. 펜스나 스크린 쪽으로 뜬 타구는 먼저 펜스나 스크린으로 뛰어간 뒤 앞으로 나오면서 공을 잡는다.

17. 중계를 나가게 될 경우, 두 손을 높이 들어서 송구 지점을 확인시켜 주어야 한다.

18. 중견수가 던지는 공의 중계를 하러 나갈 경우에는 반드시 투수 마운드 뒤에 위치해야 한다. 그래야만 송구된 공이 마운드나 투수판에 맞아 엉뚱한 방향으로 튀어나가는 것을 방지할 수 있다.

19. 중계 플레이를 해야 될 경우에는 가능하면 빨리 중계 지점으로 뛰어가야 한다.

20. 중계 플레이를 하게 될 때 홈 플레이트에 가까이 위치하지 않도록 한다. 너무 가깝게 위치하면 아무 의미가 없다.

21. 주자를 베이스에 붙잡아 둘 경우 투수가 투구를 하자마자 수비 위치로 돌아가야 한다.

22. 주자를 붙잡아 두기 위해 베이스에 붙어 있을 때 가능하면 페어 지역에 위치하도록 한다.

23. 중계 플레이를 할 경우 포수의 콜 인을 경청하도록 한다.

24. 더블 플레이를 시도하기 위해 2루에 송구할 경우 주자가 달리는 주루선상 밖으로 던지도록 한다. 이 경우 1루베이스의 외야 쪽 편에서 던지도록 한다.

25. 정확한 송구를 한다.

26. 투수가 1루를 커버해 주어야 할 경우 투수에게 가능한 한 빨리 공을 던져 주어야 한다.

27. 투수에게는 완벽한 언더핸드 드로우로 송구해야 한다. 손목을 빳빳하게 해서 던지는 것이 정확한 송구의 밑거름이 된다.

28. 투수에게 날아가는 공은 반드시 투수 옆에 있도록 할 것. 투수가 공을 떨어뜨릴 경우 다음 플레이를 연결시켜 주도록 한다.

29. 1루주자를 제외한 다른 주자들이 진루를 시도할 경우 이 사실을 투수에게 알려 주어야 한다.

30. 틀림없이 2루타라고 생각되는 타구를 날린 타자주자가 2루로 달릴 때 2루수나 유격수가 중계 플레이를 위해 외야 지역으로 나가면 타자주자를 쫓아 2루까지 간다.

31. 2루타 이상의 장타가 나올 경우, 게임의 승패가 결정되는 중요한 득점이 날 경우 파울 라인 쪽 수비를 강화한다.

32. 투수가 수비하기 어려운 타구는 지체없이 먼저 뛰어나가 잡도록 한다.

33. 주자가 스틸을 시도하기 위해 뛰어나갈 때 포수에게 큰 소리로 알린다.

34. 땅볼을 잡을 경우 가능하면 직접 베이스를 찍어 아웃 카운트를 잡는다.

35. 번트 사인이 난 것을 알 경우 공을 향해 달려나간다.

더블 플레이를 시도할 때는 왼발로 베이스를 밟은 채 오른발을
밀어내어 던진다.

2루 수비

다음에 열거하는 사항들은 2루수들이 꼭 지켜야 할 것들이다

1. 2루 위치에서는 원거리 송구가 필요없으므로 일단 타구를 몸 앞쪽으로 떨어뜨린다.

2. 주자가 없을 때 강한 타구가 올 경우 오른쪽 무릎 앞쪽에 일단 타구를 떨어뜨려 놓는다. 이 경우 주자의 아웃, 세이프에 대해 신경을 쓰지 않도록 한다.

3. 1루수의 수비 범위를 파악하고 있어야 한다. 1루 쪽으로 빠져나가는 타구는 가능하면 모두 잡아내도록 한다.

4. 송구 거리가 짧다고 해서 공을 튕기듯이 던지지 말아야 한다.

5. 2루수의 송구 모션은 드리 쿼터 타입이 가장 적절하다. 그러나 중계 플레이를 할 경우에는 송구 속도와 정확성을 위해 오버 드로우 모션으로 던진다.

6. 유격수, 1루수, 투수 등과 계속 상호 연락을 취하도록 한다.

7. 2루베이스를 누가 커버해야 할지에 대해 유격수와 협의한다. 결정은 유격수가 내리도록 하고, 유격수가 글러브로 입을 가릴 경우 유격수가 들어가는 것으로, 그렇지 않을 경우 2루수가 들어가는 식으로 하면 된다.

8. 자신에게 타구가 날아 올 경우 어떤 상황이 일어날지를 머리 속에 그려놓고 있어야 한다.

9. 오른쪽으로 빠져나가는 타구를 잡을 때는 오른쪽 발을 내밀고 그라운드를 밟고 공을 잡은 다음 오른쪽 발을 축으로 송구한다.

10. 번트 수비의 경우 1루를 커버한다.

11. 1루수가 잡기 어려운 우익선상에 높이 뜬 파울 플라이를 잡기 위해 최선을 다하도록 한다.

12. 높이 뜬 타구를 잡기 위해서 외야수와 마주 할 정도까지 뒷걸음질 치도록 한다.

13. 너무 깊은 수비를 하지 않도록 한다.

14. 번트 수비시 1루 커버에 들어가면 1루수와 동일한 수비 요령으로 플레이에 임한다. 1루 커버는 가능한 한 빠른 시간 내에 들어가도록 한다.

15. 더블 스틸을 방어하기 위해 2루베이스 커버를 할 경우 유격수로부터 지시를 받는다. 만약 3루주자가 홈으로 뛰어들어간다는 유격수의 이야기가 있으면 곧바로 2루베이스 앞으로 뛰어나와 공을 잡은 다음 홈으로 송구한다.

    그렇지 않을 때는 2루로 뛰는 주자를 태그하도록 한다.

더블 플레이 요령

1. 루상에 주자가 있을 때 모든 타구가 더블 플레이가 가능한 것은 아니다. 타구의 방향, 속도 등을 감안해서 더블 플레이 시도 여부를 결정지어야 한다.

2. 항상 선두 주자를 잡도록 한다. 2루수의 임무는 우선 타구를 잡은 다음 유격수에게 정확한 송구를 하는 것이며 그 다음 플레이는 유격수의 책임이다.

3. 잡아 당기기를 잘 하는 타자가 때린 투수 머리 위를 넘어가는 모든 타구는 유격수가 처리해야 하고 2루수는 세컨베이스로 들어가 더블 플레이를 시도하도록 한다.

4. 그러나 3항의 경우 유격수의 수비 능력이 뒤떨어질 때는 2루수가 커버해 주어야 한다.

5. 더블 플레이를 시도할 때는 2루베이스를 밟고 어떤 방향에서 공이 오는지 살펴보기 위해 약간 머물러야 한다.

6. 왼발로 베이스를 밟고 오른발을 축으로 송구 자세를 취한다.

7. 글러브를 낀 손 쪽으로(2루수의 왼쪽)악송구가 왔을 경우 오른쪽 발로 베이스를 밟고 던질 수도 있다.

8. 가능하면 주자의 달리는 길을 피하기 위해 빗겨 나오면서 던지도록 한다.

9. 8과 같은 경우 베이스를 이용, 차고 나온다.

10. 더블 플레이를 시도하기 전에 2루베이스와의 거리를 참작해서 언더핸드로 송구할 것인지 일반적인 폼의 송구를 할 것인지를 결정해야 한다.

11. 내야 수비 연습 시 선을 그어 놓고 한쪽은 던지고 한쪽은 받는 연습을 한다.

12. 언더핸드로 유격수에게 던질 때는 손목을 꼿꼿하게 세워 정확하게 던져야 한다.

13. 타구가 2루베이스 가까이로 지날 때는 공을 잡은 다음 직접 베이스를 밟도록 한다.

14. 유격수에게 공을 연결할 때 백핸드 토스를 하지 말 것. 컨트롤하기가 매우 어려운 기술이다.

15. 유격수의 시야에서 공이 사라지지 않도록 한다.

16. 더블 플레이를 시도할 경우 점프하거나 축이 되는 발을 끌어당길 필요가 없다. 공을 잡은 자세에서 상체와 엉덩이를 돌린 다음 손과 공을 뒤로 제껴 던지면 된다.

타구가 오른쪽으로 왔을 때는 오른발을 벌리고 지면을 슬라이드
하듯이 하여 공을 잡고 발을 고정시켜 던진다.

유격수 수비

유격수는 다른 내야수들 보다 훨씬 중요한 수비 책임을 맡고 있다. 유격수는 더블 플레이의 열쇠를 쥐고 있으며, 더블 스틸, 중계 플레이 등에서도 중요한 역할을 수행한다.

유격수는 다음 사항을 꼭 지켜야 한다.

1. 타구가 자신에게 올 경우 일어나는 모든 상황을 항상 머리 속에 그려두어야 한다.

2. 대부분의 송구는 오버 드로우를 이용한다.

3. 공이 오른쪽으로 왔을 때는 오른발을 벌리고 지면을 슬라이드하듯이 공을 잡으며 발을 고정시켜 던진다.

4. 더블 플레이를 시도할 경우 깊은 수비 위치에서 공을 잡지 말고 앞으로 달려나와 잡아야 한다.

5. 자신의 약한 쪽이 어디인지를 항상 명심하고 약한 쪽에 신경을 쓰고 수비에 임한다.

6. 다른 내야수보다 수비 범위가 넓으므로 좌우로 많이 움직이도록 한다.

7. 2루수, 3루수, 투수들과 항상 긴밀한 연락을 취하도록 한다.

8. 다른 내야수보다 타구를 향해 훨씬 더 많이 달려나가야 한다.

9. 번트 공격 시 2루를 커버한다.

10. 2루주자를 베이스에 묶어두어야 한다.

11. 더블 스틸을 막기 위한 포수의 송구를 2루수가 잡을 경우 3루주자가 홈에 뛰어드는지의 여부를 2루수에게 알려 주어야 한다. 그렇게 해야만 2루수가 홈으로 송구할 것인지 2루주자를 태그할 것인지를 결정할 수 있다.

더블 플레이 요령

1. 루상에 주자가 있을 때 모든 타구가 더블 플레이에 적합하다고 생각하면 안된다. 타구의 속도 방향을 보아 더블 플레이 시도 여부를 결정지어야 한다.

2. 항상 선두주자를 잡도록 한다. 자신이 공을 잡았을 때는 2루수가 더블 플레이를 하도록 한다.

3. 1루에 주자가 있을 때 누가 2루 커버에 들어가는지를 투수가 알고 있도록 한다.

4. 완전한 오른손잡이 풀 히터(pull-hitter)가 아닌 경우 투수 뒤에 떨어지는 타구는 유격수가 커버한다. 이 경우 2루베이스는 2루수가 맡는다.

5. 2루베이스까지는 전력 질주로 달려가고 베이스에 도달할 무렵에는 속도를 늦추고 송구 방향을 확인한다.

6. 왼발을 내디디면서 오른발로 베이스를 태그한다. 만약 베이스의 바깥쪽(외야 쪽)으로 공이 오면 오른발로 힘차게 베이스를 밟고, 차고 나오면서 2루로 달려오는 주자를 피하면서 송구하도록 한다. 또 안쪽(내야 쪽)으로 공이 오면 왼발로 베이스를 밟고 오른발을 축으로 송구한다. 자신이 직접 베이스를 태그할 때는 왼발로 한다.

7. 높은 송구보다는 낮은 송구가 좋다.

8. 유격수, 2루수 가운데 어느 한쪽이 특별히 약한 어깨를 가졌을 경우 투수 뒤로 가는 타구는 강한 어깨를 가진 선수가 커버하도록 한다. (더블 플레이가 가능한 상황일 때)

9. 누가 2루 베이스를 커버할 것인지를 2루수와 상호 확인하고 있어야 한다. 이때 신호는 글러브를 가지고 입을 가릴 경우 자신이, 반대의 경우 2루수가 각각 베이스 커버를 들어가도록 한다.

10. 더블 플레이를 시도할 경우 언더핸드로 공을 던져도 주자를 잡을 수 있는지의 여부는 공을 잡는 위치와 베이스 사이의 거리에 의해 결정토록 한다.

11. 언더핸드로 2루수에게 송구할 경우 확실한 송구를 해야 한다.

12. 가능하면 직접 베이스를 태그하도록 한다.

13. 내야 연습 시 선을 그어 놓고 던지는 연습과 받는 연습을 반복한다.

더블 플레이를 할 때는 왼발로 스텝하고 오른발로 베이스를 밟는다.

안쪽으로 공이 오면 왼발로 베이스를 밟고 오른발을 축으로 송구
한다.

14. 공을 감추지 말고 2루수가 항상 볼 수 있도록 송구한다.

15. 높이 뜬 타구의 경우 베이스에 붙어서서 1루수와 같은 수비 자세를
    취한다.

유격수― 2 루수 중계 플레이

좌익수, 좌중간 지역에 공이 뜰 경우 유격수가 중계 플레이를 하
고, 우익수와 우중간에 공이 뜰 경우에는 2 루수가 중계 플레이를
한다.

1. 중계 지점에 가능한 한 빨리 도착한다. 그리고, 두 손을 높이 들어
   「U」자를 만들어 외야수로 하여금 중계 플레이어가 어디에 있는지 확
   인토록 한다.

2. 외야로부터 송구된 공을 내야를 등진 자세로 받지 말고 비스듬히 선
   자세에서 받는다. 이렇게 해야 보다 빨리 정확한 중계 플레이를 할
   수 있다.

3. 백업 맨(back up-man)으로 플레이할 때는 외야수로 하여금 어떤 방
   향으로 공을 던져야 할지를 크게 소리질러 알려 주도록 한다.

4. 다른 내야수의 백업을 했을 때 악송구를 건져내어 다음 플레이와 연
   결시키도록 한다.

5. 중계 플레이를 할 경우 외야로 얼마나 달려나가야 하는가는 자신의
   어깨와 외야수의 어깨에 의해 결정토록 한다.

6. 3루수가 중계 플레이를 할 때는 유격수가 3루베이스를 커버한다.

7. 외야로부터 송구된 공을 받기 위해 자리를 잡은 다음 자신이 던져야
   할 베이스로부터 적당한 위치에 자리하고 있는지를 확인해야 한다.

8. 높게 뜬 타구를 향해 외야로 뒷걸음질 할 경우에는 외야수와 마주
   칠 정도까지 뛰어가도록 하고 또한 3루선상에 뜬 파울 플라이도 외
   야수와 마주칠 정도가 될 때까지 달려가 잡도록 한다.

3루 수비

3루수는 스코어, 아웃 카운트, 이닝 타자, 경기 상황에 따라 각기 다른 3가지 수비 위치를 취해야 한다.

1. 강한 오른쪽 타자일 때는 깊게 수비한다.

2. 장타가 나올 경우 득점이 되는 상황에서는 깊은 수비 위치와 동시에 파울 라인 쪽 수비를 강화한다.

3. 왼손 타자일 경우에는 중간 수비 또는 그 앞쪽에 위치한다.

4. 정상적인 게임 상황에서 드래그 번트를 잘하는 타자가 나오면 중간 수비를 한다.

5. 중간 이하의 타율을 가진 타자가 나오면 중간 수비를 한다.

6. 번트 사인이 났을 경우에는 얕은 수비를 한다.

7. 밀어치는 번트, 드래그 번트에 능한 왼손잡이 타자일 경우에는 얕은 수비를 한다.

8. 잡아당기는 타법의 왼손잡이 타자일 경우에는 얕은 수비를 한다.

다음에 열거하는 사항은 3루수가 꼭 지켜야 할 것들이다.

1. 강한 타구는 일단 몸 앞에 떨어뜨린다.

2. 유격수 앞쪽으로 달려나가면서 잡을 수 있는 타구는 모두 잡아낸다.

3. 오른쪽으로 날아온 타구는 모두 오버 드로우 모션으로 송구한다.

4. 왼쪽으로 날아온 타구는 때로는 사이드 드로우로 던지는 것이 유리할 때도 있다.

5. 내야에 높게 뜬 타구는 투수와 포수에 앞서 잡도록 한다.

정확한 송구를 하기 위해 축이 되는 발을 힘차게 딛고 재빠르게
던진다.

6. 펜스나 스크린에 바짝 붙게 뜬 타구는 미리 펜스나 스크린에 가 있다가 나오면서 잡도록 한다.

7. 타구가 나에게 올 경우 일어날 모든 상황을 생각해 둔다.

8. 1, 2루에 주자가 있고 왼쪽으로 타구가 올 경우 2루에 던져 더블 플레이를 시도한다(무사, 1사의 경우).

9. 같은 상황에서 오른쪽으로 타구가 올 경우 3루베이스를 밟고 1루로 송구한다.

10. 주자 만루의 상태에서 더블 플레이가 가능한 타구가 올 경우, 왼쪽으로 오면 2루로 송구, 오른쪽으로 오면 3루베이스를 밟거나 홈으로 송구하면 된다. 만일 타구가 정면으로 오면 2루, 3루, 홈 어느 쪽이든 편리한 곳으로 던진다.

11. 주자가 2루에 있고 좌익수 쪽에 단타가 났을 때는 중계 플레이어로 나간다.

12. 주자가 3루에 있고 좌익수 쪽에 플라이 볼이 떴을 때도 중계 플레이어로 나간다.

13. 중계 플레이어로 나갈 때는 3루와 홈 플레이트 사이의 내야에 위치한다.

14. 양손을 높이 들어 외야수가 던지는 표적을 만들어 준다.

15. 주자가 3루에서 너무 많은 리드를 할 경우 투수에게 이를 알려 준다.

16. 내야에 잡기 어려운 타구가 구를 때는 투수보다 잡기 쉽다고 느껴지는 타구는 모두 잡아내도록 한다.

17. 내야에 빠르게 구르지 않는 타구는 필요하면 맨손으로 잡아 송구해도 좋다.

18. 시간의 여유가 있으면 내야에 구르는 타구를 잡은 다음 타자주자에게 송구된 공이 맞지 않는 위치로 움직여 송구한다.

19. 투수가 투구하는 순간 발을 끌듯이 앞쪽으로 움직인다. 이렇게 하면 공을 잡으러 뛰어나가는 시간을 단축시켜 준다.

20. 왼쪽으로 타구가 나갈 경우 항상 크로스 오우버 스텝(Cross over-step)을 밟아서는 안된다. 강한 타구는 이런 스텝으로는 잡을 수 없다.

21. 픽오프 플레이를 시도한 다음 1루수가 투수에게 공을 돌려 줄 때 투수를 백업해 준다.
22. 정확한 송구를 하기 위해 축이 되는 발을 힘차게 딛고 온 힘을 다해 빠르게 던진다.
23. 빠르고 정확한 송구를 위해 오버 드로우 모션으로 던진다.
24. 투수를 항상 격려한다.
25. 스퀴즈에 항상 대비하고 투수에게 이 사실을 알린다.
26. 빗맞은 타구, 느리게 구르는 타구가 3루수에게는 가장 어려운 것이다. 이런 타구에 대한 연습도 해야만 한다.
27. 유격수의 수비 범위를 확인해 둔다.
28. 높이 뜬 타구를 잡는 포수의 능력을 확인해 둔다.
29. 팀 내의 모든 투수의 수비 능력을 확인해 둔다.

외야 수비

내야수와 마찬가지로 외야수 역시 모든 타구가 자기 앞으로 날아 온다는 생각으로 대비해야 한다.

완벽한 수비를 위한 외야수와 기본 훈련

1. 프리 배팅 연습중에도 항상 자기 위치에서 수비 연습을 한다.

2. 연습이나 경기를 막론하고 항상 어떤 땅볼에도 수비할 태세를 갖춰 야 한다.

3. 내야수의 정면으로 구르는 타구에 대해서도 수비 태세를 갖춘다. 분 명히 쉽게 아웃시킬 수 있는 타구에도 항상 내야수를 백업하도록 습 관을 들여야 한다.

4. 공을 잡은 후 한 발 이상 스텝해서는 안된다. 필요없이 많은 스텝을 하면 주자의 진루를 허용할 염려가 있으며 달리는 순간에 송구를 하 면 악송구가 나올 수 있다.

5. 송구할 때는 투수처럼 폴로 드로우를 한다. 연습 때와 경기중에 이 를 철저히 하면 팔 근육의 강화는 물론 보다 정확한 송구에 도움이 된다.

6. 항상 타구에 대비하고 있으면 보다 정확한 송구에 도움이 된다.

7. 커트 플레이가 가능하도록 송구는 낮게 한다.

8. 정상 수비 위치보다 한 두 발 뒤로 물러나서 위치한다. 투수가 공을 손에서 놓는 순간 내야수와 같은 자세로 스타트한다. 이런 자세가 몸 을 빨리 움직이기 쉽다.

9. 달릴 때는 뒷꿈치를 들어야 한다. 뒷꿈치를 땅에 대고 달리면 스피 드가 줄어든다.

10. 아웃 카운트, 득점 등을 고려한다.

11. 주자의 뒤쪽으로 공을 던져서는 안된다. 타자가 공을 치기 전에 어느 루에 던질 것인가 미리 생각해야 한다.

12. 동점 또는 결승점에 해당하는 주자가 스코어링 포지션까지 진루하는 것을 막아야 한다.

13. 다른 외야수의 수비 능력을 고려한 대비를 한다.

14. 자신이 약한 쪽 방향으로 중심을 잡는다.

15. 다른 외야수를 백업한다.

16. 다른 외야수에게 콜을 해 준다.

17. 쉬운 플라이에 대해서도 내야수 뒤를 백업한다.

18. 펜스 근처까지 날아가는 타구는 미리 펜스까지 가서 기다렸다가 잡는다.

19. 외야 펜스는 장소에 따라 다른 형태로 되어 있다. 경기 전에 미리 펜스에 대해 조사해 둔다.

20. 득점, 아웃 카운트, 이닝에 따라 깊은 파울 플라이를 잡을 것인가 잡지 않을 것인가를 판단한다.

21. 바람의 방향과 속도를 고려한다.

플라이 볼을 앞질러 가서 정확하게 잡는 법

1. 우투(右投)의 경우 : 오른쪽 또는 머리 위로 넘어가는 공에 대해서는 오른발을 축으로 회전한 다음 크로스 오우버 스텝을 한다. 왼쪽 방향의 타구는 바로 오른발로 크로스 오우버 스텝을 한다. 어느 경우에나 첫발을 뗄 때 뒷발로 밀어주는 것을 확실히 해야 한다.

2. 좌투(左投)의 경우 : 우투의 경우와 반대로 한다.

3. 야구 경기에서는 어떤 때라도 뒷발이 **중요**하다.

4. 공을 뒤따르지 말아야 한다. 적당한 위치에서 기다렸다가 정확하고 강한 송구를 해야 한다.

5. 항상 한 쪽 발을 약간 앞으로 내딛은 자세를 취한다.

6. 머리 위로 오는 직구는 뒷발을 축으로 회전한 다음 가능한 한 크로스 오우버 스텝을 한다.

7. 모든 플라이 볼은 두 손으로 잡도록 한다.

충돌을 피하기 위해 먼저 펜스로 가서 공을 기다린다.

항상 한 쪽 발을 약간 앞으로 내딛은 자세를 취한다.

8. 가슴 위로 뜬 볼은 손등이 얼굴을 향하게 하여 잡는다.

9. 가슴 밑으로 오는 공은 언더핸드로 잡는다.

10. 글러브로 잡을 때는 부드럽게 잡는다.

11. 밀어 친 타구는 파울 라인 쪽으로 휜다. 밀어치기에 능한 타자에 대해서는 사전에 대비한다.

12. 바람, 태양등을 고려하여 적당한 위치를 선정한다. 이것은 경기 시작 전에 미리 알아두어야 한다.

13. 가능한 한 얕은 수비를 한다. 대부분의 안타는 외야수 앞쪽에서 나온다.

14. 가능하면 던지는 팔 쪽에서 공을 잡는다. 이렇게 잡는 것이 송구 동작을 훨씬 빠르게 할 수 있다.

15. 투수가 투구하기 전에는 손을 무릎에 대고 있다가 던지는 순간 무릎에서 손을 떼고 앞쪽으로 중심을 옮겨 스타트할 태세를 갖춘다.

16. 자신의 위치가 송구하기에 좋을 때는 다른 외야수에게 물러서라고 사인을 한다.

외야 수비 연습

1. 송구는 오우버핸드로 하며 투수와 같은 폴로 드로우를 하여 던진 손이 자신의 등을 칠 정도가 되게 한다.

2. 가능한 한 땅볼에 대한 연습을 많이 한다.

3. 프리 배팅 연습 때를 잘 이용한다.

4. 볼이 직접 앞으로 오지 않더라도 크로스 오우버 스텝을 연습한다.

5. 팔 근육을 강화하기 위해 거리를 늘려서 던진다.

6. 다른 외야수와 10 m 정도의 간격을 두고 머리 뒤로 던져 주고 잡는 연습을 한다.

7. 실밥을 가로질러 공을 잡는다.

8. 땅볼에 대해 철저히 마크한다.

9. 프리 배팅 때 자기 위치에서 혼자 연습한다.

10. 앞발을 떼고 공을 잡는 훈련을 하면 높은 타구에 대해서는 한 스텝을 아낄 수 있다.

11. 가능한 한 큰 글러브를 사용하되 손에 낄 때 느슨하면 안된다.

12. 땅볼이든 플라이 볼이든 한 스텝만 짧게 해야 한다. 달리면서 송구하면 어떤 주자도 잡을 수 없게 된다.

13. 뛰고 뛰고 또 뛰어야 한다—외야수는 다리가 생명이다.

타 격

번 트

  야구에서 가장 중요한 기술이며 또한 가장 어려운 기술이 번트이다. 주자를 진루시키지 못해서 지는 경기가 다른 탓으로 지는 경기보다 훨씬 많다. 번트를 할 때는 주자를 진루시키는 것이 제일 큰 목적임을 명심해야 한다. 번트는 더블 플레이를 방지할 수 있으며 세이프티 번트를 잘 하는 선수는 훌륭한 타자가 될 수 있다. 번트를 이해하고 정확히 실행하려면 어떻게 해야 하는가?

  다른 야구 기술과 마찬가지로 뒷발이 키 포인트다. 번트를 할 때 상체가 완전히 투수 쪽으로 틀어져야 한다. 그렇다고 뒷발이 앞발 위치까지 나오라는 말은 아니다. 다만 뒷발 엄지발가락을 축으로 회전만 하는 것이다. 점프해서 몸을 트는 버릇은 좋지 않다.

  상체를 트는 동시에 무릎은 약간 굽히고 배트는 홈 플레이트 위치까지 온다. 팔은 뻗어서는 안되며 약간 굽혀서 배트가 45°가 되도록 잡고 홈 플레이트 약간 앞쪽에 나오도록 한다. 배트를 느슨하게 잡고 공을 기다려야 하며 타격 때와 마찬가지로 좋은 공을 골라서 번트한다.

  배트를 잡는 손은 바깥쪽 손이다. 마크 부분을 잡고 공을 손으로 잡는 기분으로 번트한다. 안쪽 손은 지렛대처럼 밀거나 당겨 번트 방향을 잡는다.

주의 사항

1. 좋은 공을 고른다.

2. 배트가 홈 플레이트 앞에 위치하도록 한다.

3. 몸 뒤쪽이 홈 플레이트를 벗어나지 않도록 한다.

번트할 때는 뒷발의 뒤꿈치를 중심으로 몸을 움직인다.
뒷발과 앞발을 나란히 둘 필요는 없다.

4. 무릎을 약간 굽힌다.

5. 파울 라인을 노린다.

6. 가능한 한 오른쪽 야수가 수비하도록 번트한다.

7. 바깥쪽 손으로 잡고 안쪽 손으로 방향을 조정한다.

드래그 번트나 푸쉬 번트가 경기의 승부를 가름할 경우가 종종 있다. 발 빠른 단거리 타자라면 특히 이 기술을 마스터해야 한다. 한 경기에 한 두 개의 좋은 번트를 성공시킬 수 있다면 타자로서 충분히 한 몫을 하는 것이다.

드래그 번트나 푸쉬 번트의 경우도 바깥손으로 배트를 잡고 공을 맞히는 것은 같다. 항상 손으로 공을 잡는 기분으로 번트를 대는 연습을 해야 한다. 이런 연습이 번트 기술을 향상시키는 지름길이다. 희생 번트와 마찬가지로 목표는 파울 라인이다.

치고 달리기

1. 이 작전은 타자가 공을 정확하게 맞힐 수 있어야 한다.

2. 타자는 볼이라도 스윙해야 한다.

3. 어떤 방향이든 공을 맞히는 것이 중요하다. 보다 완벽한 치고 달리기는 주자 뒤로 공을 굴리는 것이다.

4. 2루로 스타트해서 두 발쯤 옮겼을 때 홈 플레이트를 곁눈으로 확인한다. 너무 큰 리드는 위험하다.

5. 가장 중요한 것은 타자는 공을 굴리고 주자는 견제구에 주의해야 한다.

타격의 기본

좋은 타격을 위한 기본 기술은 야구에서 가장 어렵고 신비스러울 것이다.

각 선수마다 육체적 정신적인 차이가 있어서 개인에게 꼭 맞는 훈련을 찾기란 무척이나 어렵다. 어쨌든 다음 사항은 보다 좋은 타격을 하기 위해 필수적인 것들이다.

1. 다루기 쉬운 배트를 고른다.

2. 머리를 고정시킨다.

3. 연결에 집중한다.

4. 스트라이크만 친다.

5. 앞쪽 뺨과 어깨를 파묻는다.

6. 양손을 뒤쪽으로 가져간다.

7. 너무 빨리 결정하면 안된다.

8. 조급한 마음을 버린다.

9. 머리를 돌려 양쪽 눈으로 투수를 바라본다. 너무 돌려 코를 완전히 노출시켜서는 안된다.

10. 투수가 준비하는 동안은 배트를 어깨에 기대고 기다린다.

11. 순간적으로 배트를 멈추는 일이 있으면 안된다. 그 순간 손에 힘이 들어가 자연스러운 스윙을 할 수 없게 된다.

12. 좋아하는 구질의 공을 고른다. 타자는 모두 좋아하는 구질과 싫어하는 구질이 있다. 자신이 좋아하는 공을 때리는 감각을 기른다.

13. 발끝에 중심을 둔다.

14. 투수의 공은 항상 스트라이크라 생각하고 모든 공에 대해 마음의 준비를 해야 한다. 이런 자세는 멍청하게 서서 스트라이크 아웃당하는 일이 없도록 해 준다.

15. 타격을 위해 스텝할 때 홈 플레이트 전체를 확실하게 커버해야 한다.

16. 다른 사람의 발자국 위치에 똑같이 발을 두어서는 안된다.

17. 배트의 두꺼운 부분이 홈 플레이트에 걸리는가를 확인한다. 손잡이 부분이 홈 플레이트에 걸리면 안된다.

18. 투수가 어떤 공을 던지든지 항상 예비 동작을 취한다. 좋은 공이면 치고 나쁜 공이면 예비 동작 단계에서 멈추면 된다.

19. 투구에 따라 스텝을 조정한다.

20. 높은 공은 다운 스윙한다.

21. 가능하면 짧은 스텝을 한다. 스텝이 너무 크면 자세가 흐트러진다.

22. 힘이 들어간 스윙은 금물이다. 볼을 맞히는 기분으로 한다.

23. 예측을 하고 타격하지 말라. 공을 보고 난 후 스윙해야 한다.

24. 투수에게 이끌려 다녀서는 안된다.

25. 손을 뒤쪽으로. 머리와 손으로 타격한다.

26. 손을 유연하게. 공을 치는 순간에 힘을 가한다.

27. 밀어치려 할 때는 땅으로 굴린다.

28. 발이 빠른 타자는 무거운 배트를 사용하여 땅으로 굴리는데 전념한다.

29. 배트가 미끄러울 때는 주저말고 송진가루를 칠한다. 배트 컨트롤은 매우 중요하다.

30. 몸 뒷부분이 홈 플레이트를 벗어나면 안된다.

31. 공격적인 플레이를 해야 한다. 타석은 때리기 위해 있는 것이다.

32. 공을 친 다음 폴로 드로우를 철저히 해야 한다. 중도에 스윙을 멈추어선 안된다.

33. 윗손의 손목을 잘 이용한다.

34. 스윙이 느린 타자는 손 위치를 약간 앞으로 한다.

35. 끈기있게 기다려라.

나쁜 타격 자세의 교정법

스텝이 너무 클 때

1. 스탠스를 아주 크게 잡으면 스텝은 작아진다.
2. 뒷발에 중심을 둔다.
3. 무릎을 굽히고 웅크린 자세를 취한다. 체중을 뒷발의 발끝에 모은다.

손이 갑작스럽게 움직일 때

1. 손을 뒤쪽으로 가져간다.
2. 배트를 어깨에 대고 손이 어깨와 평행하도록 올리고 어깨에서 타격을 시작한다.

어퍼 스윙을 할 때

1. 배트를 세우지 말고 거의 지면에 평행하도록 잡는다.
2. 배트를 어깨에 댄다. 투수가 공을 던지는 순간 어깨에서 배트를 떼고 손이 반대쪽 어깨에 왔을 때 배트가 평행하게 되도록 한다.
3. 공을 아래로 치는데 집중한다. 배트가 아래로 향하는 감각을 느껴야 한다. 이렇게 하면 실제로는 수평 스윙이 된다.
4. 어깨와 히프가 평행하도록 한다. 뒤쪽 어깨가 처지면 안된다.
5. 땅볼을 때리는 연습을 한다.

머리를 당길 때

1. 어느 코스에 공이 들어올 것인가를 미리 생각하지 말라.
2. 배트가 공에 맞는 순간까지 보라.
3. 다운 스윙을 하라. 다운 스윙하는 것을 오래 볼 수 있으면 머리는 자연히 공을 오래 볼 수 있는 자세가 된다.

4. 뺨과 어깨를 파묻어라. 조급하게 잡아당기면 안된다. 손의 움직임
   에 따라 자연스럽게 당겨져야 한다.

5. 공을 공중으로 멀리 날린다는 생각을 버려라.

6. 스윙을 짧게 한다.

7. 공을 끌어당기지 말라.

배트가 흔들릴 때

1. 손바닥보다 손가락으로 배트를 잡는다.

2. 손목만으로 스윙하는 느낌으로 타격한다.

3. 손에 배트의 감각을 익힌다.

4. 팔을 부드럽게—팔로 타격하려 들지 말라. 손목을 이용해야 한다.

타격 연습

1. 커브를 못 때릴 경우는 커브를 잘 못 던지는 오버 드로우 투수와 연
   습한다.

2. 스윙 속도를 빠르게 — 한 선수는 언더핸드로 토스해 주고 한 선수는
   그물에 대고 때린다. 서로 교대해가며 빠른 템포로 연습한다. 단, 이
   때 폴로 드로우를 철저히 해야 한다.

3. 손을 강화시키면 스윙 속도가 빨라진다. 고무공을 누르거나 악력기
   의 사용 또는 손가락으로 푸쉬 업을 한다.

4. 선천적으로 힘이 없다면 훈련으로 힘을 늘리고 유지해야 한다. 가벼
   운 웨이트 트레이닝이 효과적이다.

5. 티 배팅 연습을 한다.

6. 겨울동안 무거운 배트로 스윙 연습을 한다.

7. 밀어치는 연습을 한다. 이때는 땅으로 굴려야 한다.

8. 손에 배트를 들지 않았어도 스텝을 연습한다.

9. 스트라이크 존을 알려면 홈 플레이트 앞으로 선을 그어 연습한다. 이것은 타석에서 보기 쉽고 어떤 공을 칠 것인가 결정하기 편하다.

10. 손을 철저히 끌어당긴다. 이러면 자연히 히프도 당겨진다.

11. 연습 경기에서 공을 끝까지 보는 습관을 들인다.

12. 연습 경기에서 머리를 흔들지 않는 습관을 들인다.

13. 경기 때 혹은 배팅 연습 때 우익수 또는 좌익수 쪽을 보아서는 안된다. 투수와 중견수 쪽을 바라본다.

14. 스텝에 문제가 있으면 배팅 연습 때 뒤쪽으로 선을 그어 스윙 후의 발 위치를 체크한다.

15. 가능한 한 많은 스윙 연습이 필요하다. 배팅 연습을 위해 기다리는 동안에도 스윙 연습을 한다.

16. 배팅 연습 때 좋은 폼을 만든다. 배팅 연습을 최대로 활용하려면 생각을 하고 계획을 세워 실천해야 한다.

17. 연습 경기 때는 손목만으로 타격하라. 발을 떼는 것에는 관심을 두지 않는다. 배트가 손에 꼭 잡혀지는 감각을 훈련시켜야 한다.

베이스 러닝

기본적인 주루법

베이스 러닝에는 3가지 형태가 있다. 도루, 타석에서부터 달리는 타자 주자로서의 주루, 루상의 주자로서의 주루 등이 그것이다.

도루

1. 리드가 중요하다. 양발에 균형있게 중심을 잡아 어느 쪽이든 스타트 하기 쉽게 한다. 어느 쪽으로 뛰건 첫 스텝이 빨라야 한다.

2. 투수가 투구 동작에 들어가자마자 다음 루로 스타트한다. 도루에서 가장 중요한 것은 스타트 순간의 타이밍 포착이 좋아야 하는 것이다.
   a. 투수의 동작을 관찰하라. (이것은 루상의 주자로 있을 때와 벤치 에 앉아 있을 때 할 수 있다)
   b. 투수의 습관을 파악하여 이용한다. 투수가 앞발을 든다든가 던지기 전에 주자를 한 번만 바라본다는 등의 습관을 파악해 두면 훌륭하 게 이용할 수 있다.

타자 주자의 베이스 러닝

(비록 도루에는 뛰어나지 못할지라도 베이스 러닝은 잘 할 수 있다. 모 든 선수는 베이스 러닝의 올바른 방법을 알고 있어야 한다.)

1. 1루까지는 **항상 전력 질주하라**. 외야 쪽의 안타 때는 항상 2루타 때 같이 1루를 돈다. (외야수가 약간 펌블만 해도 2루까지 뛸 수 있다)

2. 1루에서 너무 큰 원을 그리며 도는 것은 낭비다. 가능하면 1루는 왼 발로 터치한다. 그러나 억지로 왼발을 터치하기 위해 걸음을 줄이거 나 할 필요는 없다. 베이스 라인을 벗어나 뛰지 않도록 주의한다.

3. 타구를 수비한 외야수의 송구 능력을 파악하고 있어야 한다.

4. 어디에서 야수가 주자를 태그하게 될 것인가를 미리 생각한다.

5. 외야수가 우투인지 좌투인지를 확인하라. 타구를 글러브 낀 쪽에서 잡으면 송구하는데 약간의 시간이 더 걸린다. 이를 이용하면 한 두 발쯤 더 갈 수 있게 된다.

항상 머리를 들고 달려라. 야수의 수비 동작을 볼 수 있으면 상당한 도움이 된다. 타구가 자신의 뒤쪽에서 수비될 때(우익선상의 3루타성일 경우) 3루 런너 코치의 지시를 받아 행동한다.

루상의 주자 때 베이스 러닝

1. 아웃 카운트를 염두에 두고 행동한다.

2. 누가 공을 갖고 있는지 확인하라. (투수가 투수판 위에 있을 때는 항상 투수에게 공이 있다. 그렇지 않을 경우는 보크가 된다.)

3. 사인을 잘 보아 둔다.

4. 리드는 안전하게 한다. (히트 앤드 런 사인의 경우 2루 쪽으로 몸을 기울이거나 리드를 너무 많이 하면 사인이 탄로난다.)

5. 투수의 손에서 공이 떠나는 순간부터 끝까지 공을 본다. 타자가 공을 때렸을 때는 즉시 진루하고 타자가 치지 못했을 때는 즉시 베이스로 돌아와 견제구에 주의한다.

6. 히트 앤드 런에 의해 진루할 때는 타구의 방향을 보아 둔다. 공을 볼 수 없을 때는 런너 코치의 지시에 따른다.

7. 2루에서의 더블 플레이를 막기 위해 어떤 내야수는 2루에서 공을 잡아 베이스 라인에서 비켜서지 않고 그대로 1루에 송구하는 수가 있다. 이때는 2루에 똑바로 슬라이딩하여 수비를 방해한다.

주의 사항

1. 공이 어디에 있는가?

2. 현재의 아웃 카운트

3. 어떤 사인이 났는가?

4. 내야수와 이야기 하지 말라. 주의력이 산만해지면 갈 수 있는 루를 못가는 수가 있다.

5. 머리를 세우고 뛰어라.

베이스 러닝의 기본 원칙

루상에서는 공격적인 플레이를 하라. 다음 루를 밟기 위해서는 우선 앞 베이스를 태그해야 한다. 두점간의 최단 거리는 항상 직선이다.

루상에서 당황하면 공격적인 플레이를 할 수 없다. 항상 무엇을 할 것인가 자신있게 결정해야 한다.

베이스 러닝 때

1. 1루까지는 직선으로 달려라.

2. 내야의 잔디를 밟지 말라.

3. 내야 땅볼이라도 전력 질주하라. 내야수는 실책이 있다. 1루에 공이 닿아야만 완전한 아웃이다.

4. 항상 전력 질주하라.

5. 땅볼 또는 번트 때는 1루를 통과할 때까지 뛰어라. 중도에 멈추면 안 된다.

6. 내야에 때린 공을 보지 말라. 1루만 보고 전력 질주하라.

7. 첫발을 뗄 때는 뒷발로 강하게 밀어 준다. 빠른 스타트는 아웃을 세이프로 만들 수 있다.

8. 베이스를 터치하기 위해 걸음을 바꾸지 말라.

9. 안타를 친 후에는 오직 한 베이스라도 더 가야한다는 생각만 염두에
   둔다. 베이스를 밟고 나서 외야수를 보고 약간의 실수만 있어도 2
   루까지 뛸 자세를 갖춘다.

10. 베이스를 돌 때 원이 크면 달리는 거리가 길어진다. 짧게 돌아야 한
    다. 베이스를 밟기만 하면 되는 것이므로 원을 크게 그리며 돌 필요
    는 전혀 없다.

11. 주자는 외야수의 플레이를 보아야 한다.

12. 히트 앤드 런이나 런 앤드 히트 때 주자는 타구를 곁눈으로 보고 행
    동해야 한다.

13. 머리를 숙이고 뛰지 말라.

14. 주자는 사인을 확실히 보아야 한다.

15. 베이스를 확실하게 터치하라.

16. 각 베이스의 투수 쪽을 향한 모서리를 터치한다.

17. 아웃 카운트를 항상 알고 있어야 한다.

18. 과감하고 공격적인 베이스 러닝은 야수의 실수를 유도한다.

19. 득점 상황을 생각하고 플레이하라.

20. 루상에서는 오직 득점만이 목표이다.

21. 외야수, 내야수, 포수의 송구 능력이 어느 정도인지 알고 있어야 한
    다.

리 드

달리고 또 달리는 베이스 러닝은 팬 뿐 아니라 선수 자신에게도
재미있다. 주자일 때는 그라운드의 열기를 고조시키기 위해 최선을
다하라.

도루를 시도하라.
득점을 노려라.

한 베이스라도 더 노려라.

뛰어라.

1루에서의 리드

1. 두 걸음 반이 1루에서의 정상적인 리드 거리이다.

2. 무릎에서 손을 떼어라.

3. 앞뒤로 뛰지 말라.

4. 팔은 약간 올린다.

5. 두 걸음 반의 리드를 하는 방법은 두 가지가 있다. 하나는 발을 약간 땅에 끌면서 리드하는 것이고 다른 하나는 걸어서 리도하는 방법이다.

6. 투수가 투수판에 위치할 때까지는 베이스 위에 있는다.

7. 베이스를 떠나기 전에 누가 공을 갖고 있는지 확인한다.

8. 리드를 하기 위해 걸어나갈 때 가능한 한 최대한의 거리까지 나간다. 리드하는 도중 투수가 견제하는 움직임이 없으면 약간씩 더 나간다. 단 항상 투수의 움직임에 유의해야 한다. 리드할 때는 은밀하게 눈치채지 못하도록 조심한다.

9. 때때로 투수의 동작을 시험하고 싶을 때는 1루 쪽으로 돌아갈 준비를 하며 투수를 유혹한다.

10. 투수의 동작은 미리 알아 두어야 한다.

11. 어떤 형태로 리드를 하든 다음 동작의 준비를 한다. 움직일 때는 항상 크로스 오우버 스텝으로 스타트한다.

12. 포수의 어깨가 어느 정도인가를 알아 둔다.

13. 내야수의 위치를 관찰한다.

14. 머리를 끄덕거리거나 팔을 흔들어 스틸을 눈치채이지 않도록 조심한다.

15. 외야수의 송구 능력을 알아 둔다.

16. 외야수의 수비 위치를 보아 둔다.

17. 주자 1, 2루 때 1루주자는 더블 스틸에 대비하고 있는다. 2루주자만 3루에 스틸하는 경우가 있어서는 안된다.

18. 스틸에 빠른 발이 필요하지만 빠른 발만이 스틸의 절대 요소는 아니다. 투수의 동작을 파악하고 과감한 플레이를 하면 보통 주자도 스틸할 수 있는 것이다.

2 루에서의 리드

2루에서의 리드는 매우 중요하다. 2루주자는 이제 홈까지 반은 온 것이다. 민첩하고 과감한 플레이가 2루에서도 중요한 요점이다.

1. 2루수, 유격수, 투수가 허용하는 최대한의 리드를 하라.

2. 3루 런너 코치의 지시에 귀를 기울여라. 코치는 유격수와 2루수의 위치를 알려 줄 것이다. 투수를 보는 것은 타자의 임무이다.

3. 투수가 투구에 들어가면 발끝에 중심을 두고 3루 쪽으로 움직인다. 절대 중심을 뒷꿈치에 두지 말라.

4. 2루주자는 자신의 오른쪽으로 가는 땅볼이 내야수를 통과했는가를 확인하고 뛰어야 한다.

5. 왼쪽으로 가는 땅볼은 바로 3루로 스타트한다.

6. 가끔 투수가 2루주자에 무관심한 때가 있다. 이때가 3루 스틸을 노리는데 가장 좋다.

7. 투수 정면의 타구에는 3루 진루가 위험하다.

3 루에서의 리드

1. 파울 지역에 위치한다. (라인에서 너무 멀지 않도록)

2. 투수의 와인드 업의 빠른 정도에 따라 홈 플레이트 쪽으로 스타트하는 순간을 결정한다.

3. 투수가 와인드 업을 시작하면 걸어서 홈 쪽으로 나간다. 가능한 한 최대한의 거리까지 걸어나간 후 멈추어서 투구를 보고 베이스로 돌아간다.

4. 지그재그로 뛰면 위험하다. 반대쪽으로 중심이 쏠릴 때 견제당하면 아웃되기 쉽다.

5. 패스 볼이나 폭투가 나올 때를 대비한다.

6. 포수가 공을 받는 순간 왼쪽으로 돌아서 3루로 돌아간다.

7. 3루주자는 내야 땅볼에도 득점할 수 있다. 이를 위해 내야수의 수
   비 위치를 주의깊게 살펴 둔다. 내야수가 공을 잡는 위치가 불안하
   면 홈에 송구하는데 시간이 더 걸린다.

플라이 볼에 의해 진루할 때

1. 베이스 뒤에서 스타트하지 말라.

2. 단거리 육상 선수의 스타트 자세를 취하지 말라.

3. 런너 코치의 지시를 들을 필요는 없다. 스스로 타구를 보고 스타트
   한다.

4. 무릎을 약간 굽히고 한 발을 베이스에 대고 선 자세에서 스타트한다.
   뒷발은 스타트하기 편한 발을 택한다. 타구를 보고 공이 잡히는 순
   간 뒷발을 차며 스타트한다.

5. 홈으로 달릴 때는 항상 전력 질주하라.

도루 기술

용기가 없는 선수는 절대 도루를 잘 할 수 없다.

도루의 요건

공격성
과감성
용 기
자신감
집중력
유연성

대부분 스피드를 도루의 유일한 조건으로 생각하기 쉬우나 스피드만이 도루의 전부는 아니다. 센스와 집중력이 갖춰진 스피드가 그림같은 도루를 가능하게 하는 것이다. 더불어 끊임없는 연습만이 명 도루왕으로 만든다.

철저한 사전 파악이 중요하다.

포수 : 수비 연습하는 포수를 세심하게 관찰한다. 필요하면 스톱워치를 갖고 테스트하여 다음 사항을 알아 둔다.

1. 강한 어깨를 가졌는가?

2. 정확한 송구 능력이 있는가?

3. 재빠른 송구 동작을 할 수 있는가?

4. 스타팅 포수가 연습을 하는가? 그렇지 않으면 그 포수의 어깨가 부상당한 것이다. 매회 시작 때 투수의 공을 받아 2루에 던지는 것을 관찰한다.

5. 포수가 경기중에 손가락, 팔, 어깨 등에 파울 볼을 맞았는지 살핀다.

투수 : 경기 전에 투수의 워밍업을 관찰하여 다음 사항을 알아 둔다.

오른손 투수

1. 투구가 느린가?

2. 투구가 빠른가?

3. 투구 동작이 길거나 흔들리지 않는가?

4. 주자가 있을 때 같은 타이밍으로 던지는가?

5. 세트 포지션에서 투구 동작이 느리지 않는가?

6. 항상 같은 페이스로 던지는가?

왼손 투수

1. 머리가 세트 포지션에서 어느 쪽을 보고 던지는가?

2. 2루주자를 두고 발을 높게 차올리는가?

투수 : 경기중에도 계속 벤치에서 관찰한다. 특히 1루에 주자가 나갔을 때 유심히 관찰한다.

1. 어떤 동작을 취하는가?
2. 1루와 홈에 각각 어떤 형태로 던지는가?
3. 1루 견제를 얼마나 자주 하는가?
4. 컨트롤이 어떤가?
5. 견제를 포기하지 않는가?
6. 커브가 자주 바운드되어 들어오지 않는가?

내야수(유격수와 2루수) : 수비 연습 때 2루수와 유격수를 관찰하여 다음 사항을 알아 둔다.

1. 베이스 앞쪽에서 송구하는가?
2. 얼마나 빠른가?
3. 수비 연습 때 손의 상태가 어떤가?
4. 2루 도루 때 신경질을 내지 않는가?
5. 2루를 커버하는 선수가 누구이며 2루에서의 거리는 얼마인가?
6. 투구 사이에 방심하여 2루를 비워두지 않는가?

1루수 : 1루수의 수비 능력이 어느 정도인가 알아 둔다.

1. 왼손잡이인가?
2. 크고 느리지 않는가?
3. 손의 상태가 좋은가?
4. 태그 동작이 어느 정도 빠른가?
5. 공을 향해 몸을 어느 정도 뻗는가?
6. 수비 연습 때와 팀 동료를 태그할 때 1루수를 세심하게 살피면 어떤 힌트를 얻을 수 있다.

3루 스틸 :

1. 투구에 따라 움직인다.
2. 투수의 동작을 훔친다.

3루 스틸은 어렵다 : 투수를 철저히 분석해야 한다.

1. 상대 팀이 픽오프 플레이를 하는가? 상대 투수가 그 플레이를 할 수 있는가?
2. 투수가 얼마나 민첩한가?
3. 주자의 위치를 투수가 파악하고 있는가?
4. 2루주자에 투수가 얼마나 신경을 쓰고 있는가? 타자에게만 전념하지 않는가?
5. 유격수와 2루수가 어느 정도 주자를 견제하는가?
6. 2루에서 처음에는 리드를 많이 하지 않는 것이 좋다.

요점

도루에 뛰어난 선수가 되면 큰 자부심을 가질 수 있다. 항상 투수, 포수 등의 습관을 기록하고 도루에 도움이 될 수 있는 것은 무엇이든지 알아두어야 한다.

훌륭한 주자는 스피드와 센스, 기지, 투지 등을 갖추어야 한다.

더블 스틸(1, 3루 때)

주자라면 스틸을 노려야 한다. 단독으로 2루, 3루를 훔치는 것과 같이 더블 스틸도 훌륭한 공격법이다.

1. 1루주자는 전력 질주로 2루로 뛴다. 내야수가 공을 갖고 기다리면 멈춰 서서 런다운 플레이에 걸려든다. 이때 3루주자는 득점을 노릴 수 있게 된다. 내야수가 베이스 앞에서 공을 커트하여 홈에 던지면 물론 2루로 계속 뛴다.

2. 3루주자는 더블 스틸 사인이 나면 파울 라인 위로 걸어서 리드를 한다. 라인 위에 서 있으면 포수가 어느 정도 리드했는가 알기 어렵다. 3루주자는 안전한 거리까지 리드한 다음 투수가 홈에 투구하는 것을 본다. 이때 1루주자가 2루로 스타트하고 3루주자는 포수의 송구가 투수의 머리를 넘는 것을 본 다음 홈으로 뛰어든다. 2루로 페인트 모션만 하고 3루를 견제하거나 투수가 커트하는데 주의하라. 항상 투수의 머리 위로 공이 넘어가는 것을 확인한 후에 스타트해야 한다.

슬라이딩

슬라이딩에는 여러가지가 있다. 슬라이딩의 최대 목표는 빠르고 안전하게 베이스에 터치하는 것이다. 가장 기본적으로 익혀야 할 것은 벤트 렉 슬라이딩이다. 보다 능숙한 선수는 훅 슬라이딩등 다른 기술로 연습한다.

벤트 렉 슬라이딩

1. 스파이크를 벗고 연습한다.
2. 외야의 잔디 위에서 슬라이딩 팬츠를 입는다.
3. 그룹별로 연습한다.
4. 우선 무릎을 굽혀 앉는 연습을 실시한다.
5. 느슨한 베이스를 사용한다.
6. 처음에는 짧은 거리에서 연습하고 차차 익숙해지면 거리를 늘려나간다.

7. 반쯤 앉은 자세로 종아리를 대고 슬라이딩한다.

8. 처음에는 뒷발 또는 양쪽 발 모두 굽히고 한다.

9. 구부린 자세로 뒷발을 타고 앉는다.

10. 유연하게 미끌어진다.

11. 머리는 뒤로 제낀다.

팝 업 슬라이딩을 하면, 앞발이 자유롭다.

12. 팔을 들어 중심을 잡는다.

13. 어느 쪽 발이 더 굽히기 편한가를 찾아 그 발로 숙달시킨다.

14. 일직선으로 슬라이딩해 들어간다. 태그를 피하려 할 때는 베이스 어느 한 쪽으로 슬라이딩하고 손으로 베이스를 터치한다. 이 방법은 홈 플레이트에서도 사용할 수 있다.

그리고 뒷발을 딛고 일어설 수 있다.

15. 슬라이딩은 베이스 전방 2m 정도에서 시작한다. 너무 늦게 슬라이딩하지 않도록 주의하라.

16. 한번 슬라이딩을 결심하면 중도에 마음을 바꾸어서는 안된다. 항상 슬라이딩을 하면 부상을 피할 수 있지만 중도에 슬라이딩을 멈추면 부상당하기 쉽다.

17. 팝 업 슬라이딩을 하라. (이것은 계속해서 다음 베이스로 달리는데 도움이 된다.) 적당한 스피드로 슬라이딩을 하면 상체를 일으킬 수 있다. (스피드는 보통 슬라이딩 때도 중요하다.) 가속을 붙여 몸을 일으키고 앞발은 자유롭게 두고 뒷발로 딛고 일어서서 다음 플레이를 노린다.

18. 벤트 렉 슬라이딩으로 아웃이 되더라도 두려워하지 말고 글러브에 충격을 준다.

19. 슬라이딩 패드를 착용하여 다리와 엉덩이를 보호한다. 무릎은 패드를 착용하거나 스타킹을 끌어올려 보호한다.

훅 슬라이딩

1. 태그를 피하기 위해 사용한다.

2. 야수에게 태그하기 어렵게 한다.

3. 베이스의 어느 쪽이나 이용할 수 있다. 보통 글러브를 끼지 않은 쪽을 노린다. 만일 송구가 그쪽으로 온다면 반대쪽을 노린다.

4. 훅 슬라이딩은 발 이외는 태그할 곳이 없도록 목표를 최소로 작게 한다.

수비 연습

〈상황 1〉

주자가 없는 상황에서 좌익수 쪽에 단타가 났을 경우

투수 : 투수 마운드와 2루베이스의 중간 지점으로 이동한다.

포수 : 타자주자를 쫓아 1루베이스로 간다.

1루수 : 타자주자가 1루베이스를 밟고 지나가는지를 확인하고 1루를 지킨다.

2루수 : 2루를 지킨다.

3루수 : 3루베이스를 지킨다.

유격수 : 중계를 위해 좌익수 쪽으로 달려간다.

외야수 : 중견수는 좌익수를 커버하고 우익수는 1루 쪽으로 달려온다.

땅볼로 나간 단타의 경우 3루수가 유격수와 서로 위치를 바꿀 수도 있다.

SITUATION 1

SINGLE TO LEFT FIELD

No one on base.

PITCHER: Move to a position halfway between mound and 2B.

CATCHER: Follow runner down to 1B.

FIRST BASEMAN: Make sure the runner tags the base in making the turn, then cover 1B.

SHORTSTOP: Act as cutoff man in short left field.

SECOND BASEMAN: Cover 2B.

THIRD BASEMAN: Protect 3B area.

OUTFIELDERS: Center fielder—back up left fielder. Right fielder—move in toward 1B area.

Note possible switch of shortstop and third baseman on ground single.

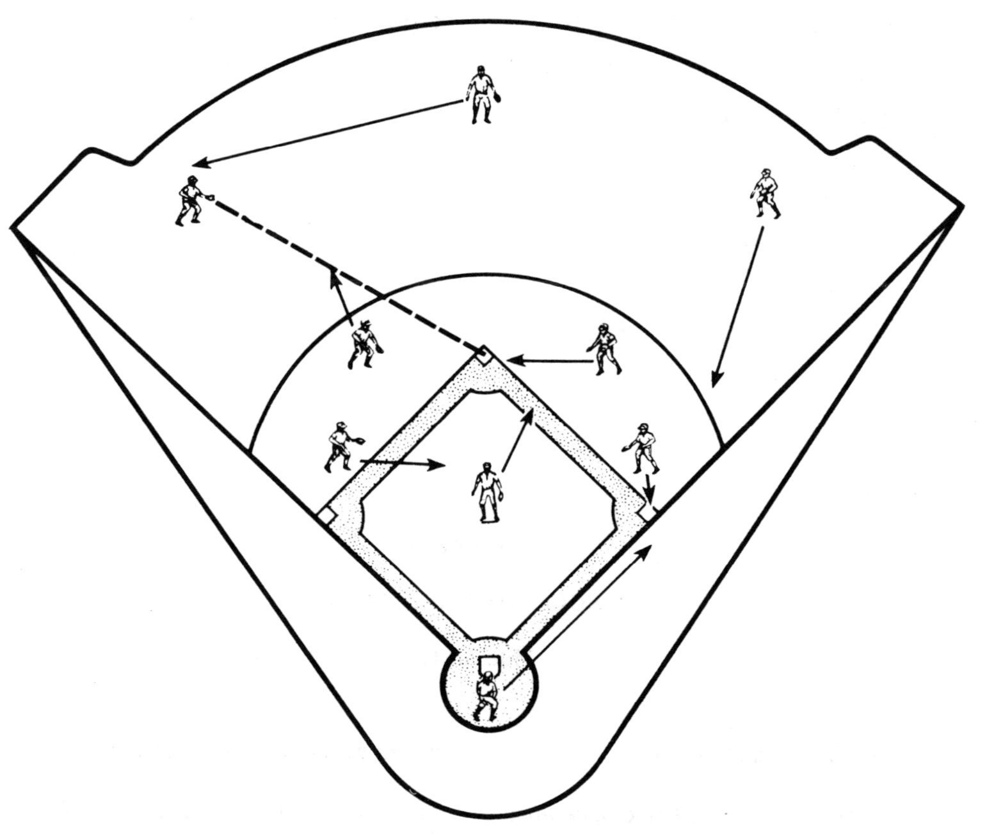

상황 1

〈상황 2〉

1루에 주자가 있고 좌익수 쪽에 단타가 났을 경우

투수 : 3루를 커버한다.

포수 : 홈 플레이트를 방어한다.

1루수 : 1루베이스를 지킨다.

2루수 : 2루베이스를 지킨다.

유격수 : 3루로 송구되는 공을 중계
하기 위해 중계 지점으로 이동한다.

3루수 : 3루를 지킨다.

중견수 : 좌익수를 커버한다.

우익수 : 내야 지역으로 이동한다.

SITUATION 2

SINGLE TO LEFT FIELD

Man on 1B.

PITCHER: Back up 3B.

CATCHER: Protect home-plate area.

FIRST BASEMAN: Cover 1B.

SECOND BASEMAN: Cover 2B.

SHORTSTOP: Move into a position to be the cutoff man on the throw to 3B.

THIRD BASEMAN: Cover 3B.

CENTER FIELDER: Back up left fielder.

RIGHT FIELDER: Move in toward infield area.

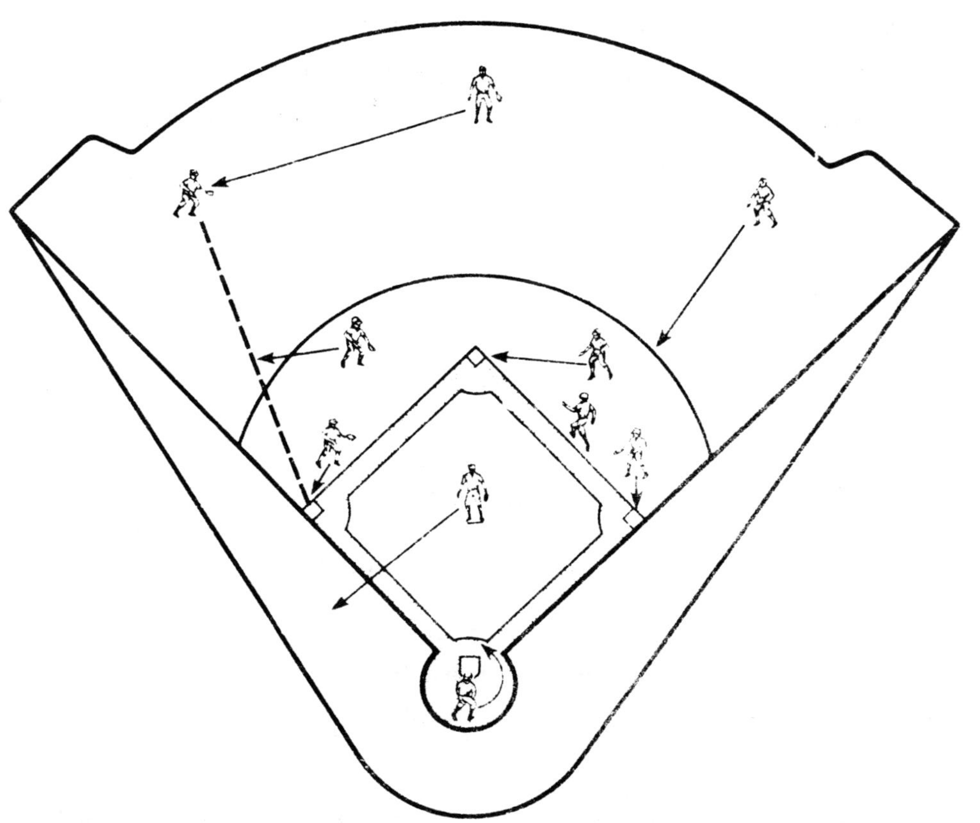

상황 2

〈상황 3〉

주자 2루, 주자 1, 2루, 또는 주자 만루일 때 좌익수 쪽에 단타가
났을 경우

투수 : 포수를 커버한다.　　　유격수 : 3루를 지킨다.

포수 : 홈 플레이트를 지킨다.　　3루수 : 중계 플레이어가 된다.

1루수 : 1루를 지킨다.　　　　중견수 : 좌익수를 커버한다.

2루수 : 2루를 지킨다.　　　　우익수 : 2루 지역으로 이동한다.

SITUATION 3

SINGLE TO LEFT FIELD

Man on 2B, or
Men on 1B and 2B, or
Bases loaded.

PITCHER: Back up home plate.

CATCHER: Cover home plate.

FIRST BASEMAN: Cover 1B.

SECOND BASEMAN: Cover 2B.

SHORTSTOP: Cover 3B.

THIRD BASEMAN: Be the cutoff man.

CENTER FIELDER: Back up left fielder.

RIGHT FIELDER: Move in toward 2B area.

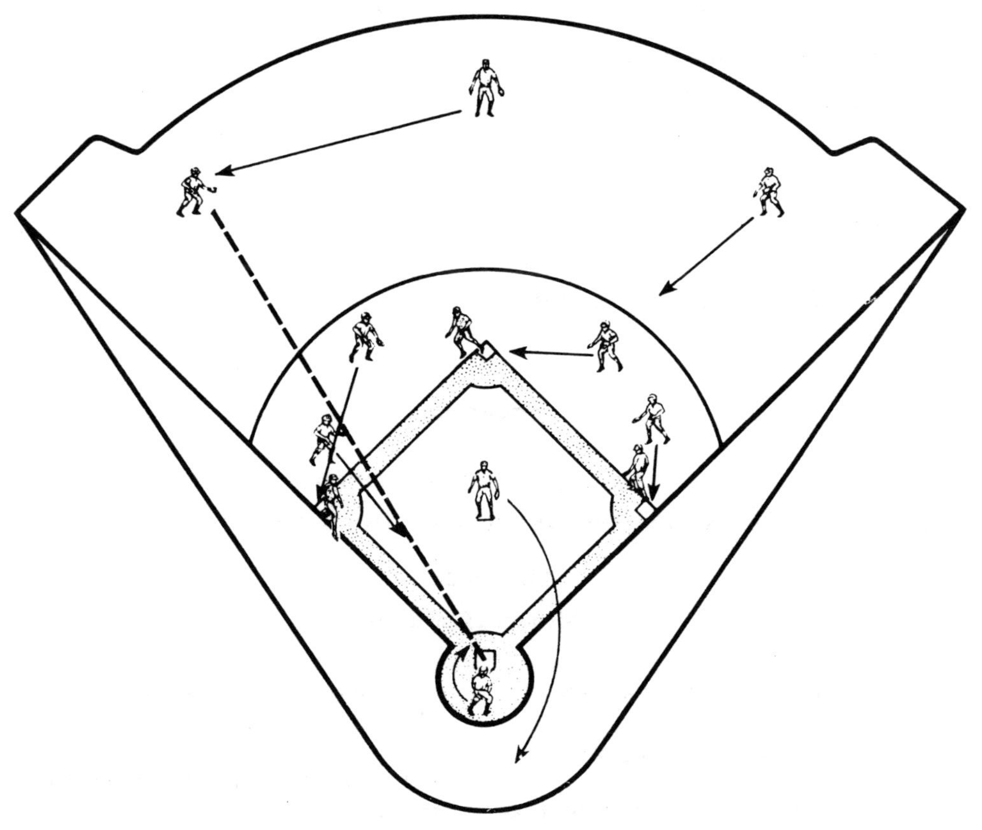

상황 3

〈상황 4〉

주자 2루, 또는 주자 2, 3루에 있을 때 3루간을 빠져나가 좌익수 쪽에 단타가 났을 경우

투수 : 포수를 커버한다.

포수 : 홈 플레이트를 지킨다.

1루수 : 중계 플레이어가 된다. 홈 플레이트로부터 약 14m(45피트) 떨어진 좌익선상에 위치한다.

2루수 : 2루를 지킨다.

유격수 : 3루수가 3루로 돌아오지 못할 경우 3루베이스를 맡아야 한다.

3루수 : 가능하면 3루베이스로 돌아가야 한다.

좌익수 : 홈 플레이트를 향해 낮게 송구한다.

중견수 : 좌익수를 커버한다.

우익수 : 재빨리 달려들어와 1루를 지킨다.

SITUATION 4

SINGLE TO LEFT FIELD
BETWEEN SHORTSTOP AND THIRD BASEMAN

Man on 2B, or

Men on 2B and 3B.

PITCHER: Back up home plate.

CATCHER: Cover home plate.

FIRST BASEMAN: Cutoff man! Take a position about 45 feet from home plate in line with left fielder and home plate.

SECOND BASEMAN: Cover 2B.

SHORTSTOP: May have to cover 3B if third baseman cannot recover.

THIRD BASEMAN: Cover 3B if possible.

LEFT FIELDER: Make low throw to the plate.

CENTER FIELDER: Back up left fielder.

RIGHT FIELDER: Come in quickly to try and cover 1B.

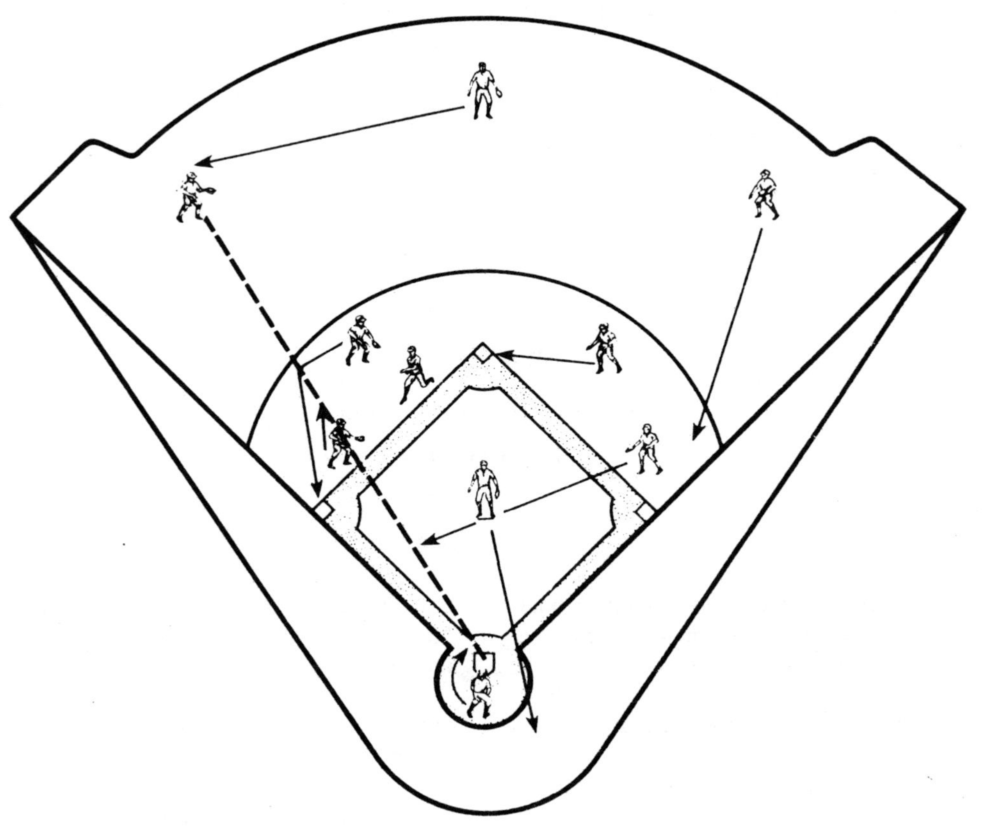

상황 4

〈상황 5〉

판단을 요하는 상황이다. 주자가 2루에 있고 좌익수 앞에 안타를 때린 타자가 게임을 동점으로 가져갈 수 있는 주자가 될 수 있는 경우

투수 : 좌익수가 홈으로 송구할 경우에 대비해서 포수 뒤로 가서 커버 플레이를 한다.

포수 : 홈 플레이트를 지킨다.

1루수 : 1루를 지킨다.

2루수 : 2루를 지킨다.

유격수 : 중계 지점으로 달려간다.

3루수 : 좌익수가 홈으로 송구할 경우에 대비해서 중계 지점으로 달려간다.

좌익수 : 타자주자가 득점이 가능한 2루베이스로 달려가지 못하게 2루베이스를 향해 낮은 송구를 한다.

중견수 : 좌익수를 커버한다.

우익수 : 2루를 커버한다.

SITUATION 5

SINGLE TO LEFT FIELD

Judgment Play

Man on 2B

Hitter is the tying run.

PITCHER: Move off mound to back up home plate in case the left fielder makes the throw home.

CATCHER: Cover home plate.

FIRST BASEMAN: Cover 1B.

SECOND BASEMAN: Cover 2B.

SHORTSTOP: Cutoff position.

THIRD BASEMAN: Move into position to be cutoff man in case the left fielder throws home.

LEFT FIELDER: Make low throw to 2B to keep batter from advancing into scoring position.

CENTER FIELDER: Back up left fielder.

RIGHT FIELDER: Move into position to help back up 2B.

Never let the tying run get into scoring position at 2B by making a foolish throw to the plate.

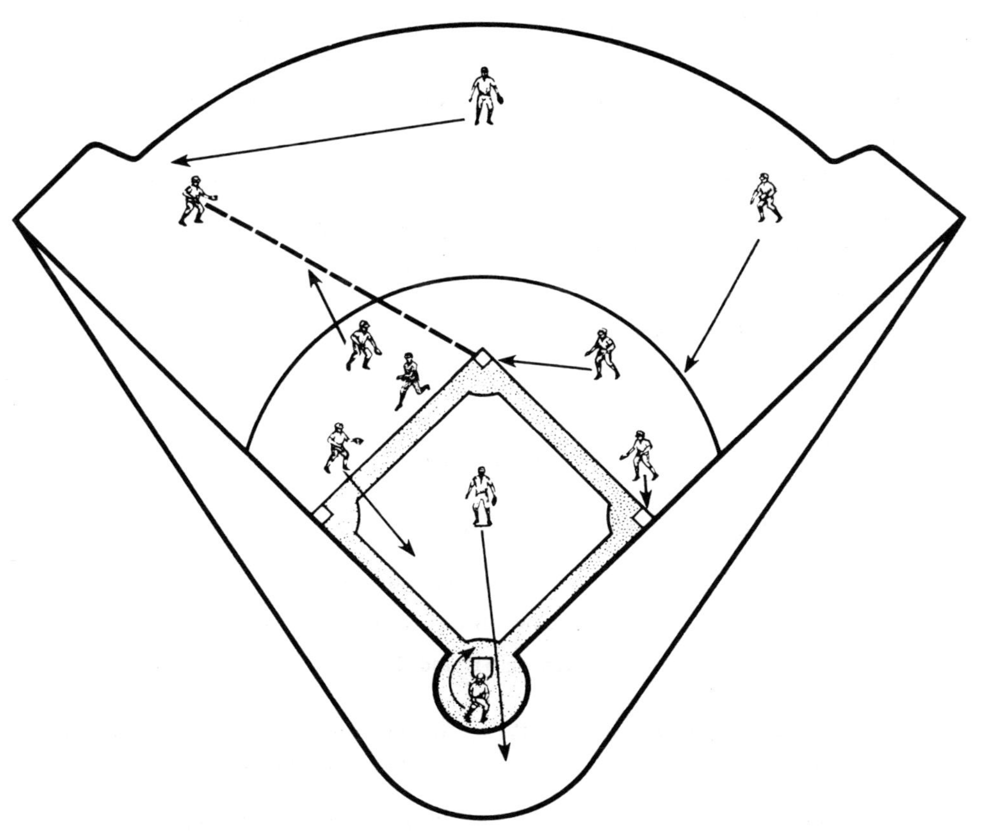

상황 5

〈상황 6〉

루상에 주자가 없거나 주자 2루, 주자 3루 또는 주자 2, 3루에 있을 때 좌중간에 3루타가 가능한 2루타가 났을 경우

투수 : 송구 방향과 나란히 3루를 커버한다.

포수 : 홈 플레이트를 지킨다.

1루수 : 타자주자를 따라 2루로 달려간 다음 2루베이스를 지킨다. 주자가 2루베이스를 돌아 너무 많이 진루할 경우 플레이에 대비한다.

2루수 : 타구 낙하 지점과 3루를 잇는 선상의 유격수 1m 뒤에 위치한다.

유격수 : 중계 플레이를 위해 좌중간 외야로 달려나간다.

3루수 : 3루베이스 왼쪽 편에 서서 3루를 지킨다.

중견수 : 좌익수를 커버한다.

우익수 : 2루베이스 쪽으로 이동한다.

SITUATION 6

DOUBLE, POSSIBLE TRIPLE, TO LEFT CENTER

No one on base, or

Man on 3B or 2B, or

Men on 3B and 2B.

PITCHER: Back up 3B in line with throw.

CATCHER: Protect home plate.

FIRST BASEMAN: Trail the runner to 2B, cover the bag, ready for a play if runner rounds base too far.

SECOND BASEMAN: Trail about 30 feet behind shortstop in line with 3B.

SHORTSTOP: Go to a spot in left center to become relay man.

THIRD BASEMAN: Cover 3B; stand on left side of base.

CENTER FIELDER: Back up the left fielder.

RIGHT FIELDER: Move in toward 2B.

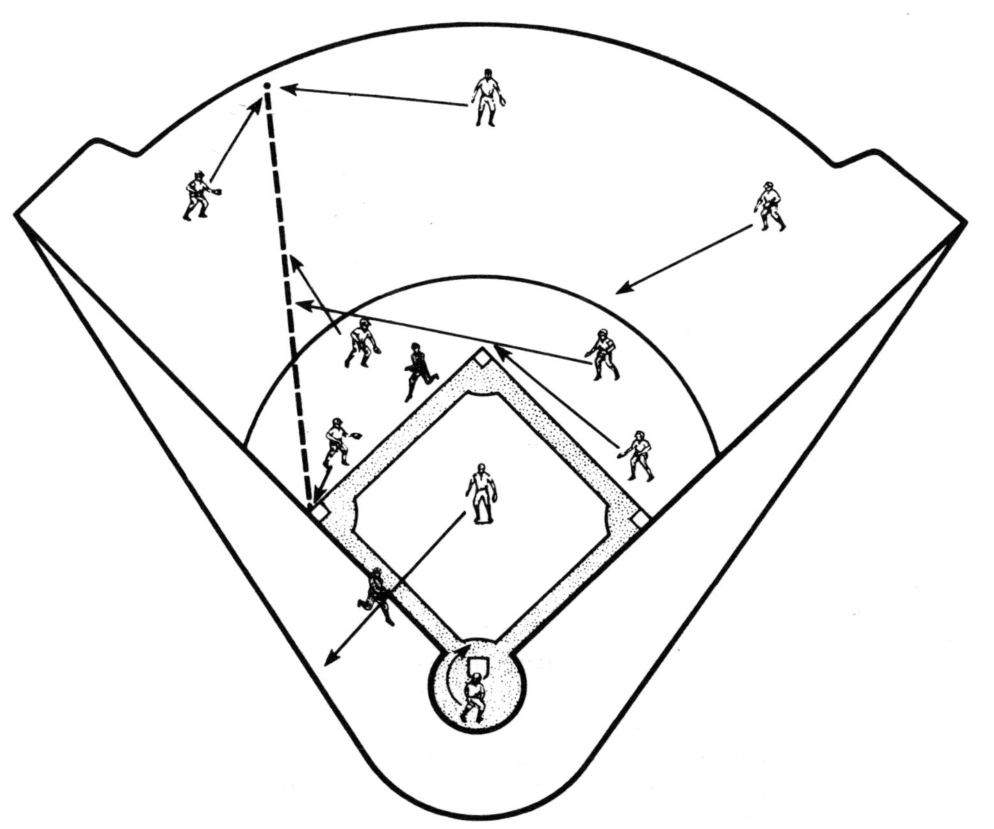

상황 6

〈상황 7〉

주자 1루, 주자 1, 2루 또는 주자 만루 상황에서 좌중간에 3루타가 가능한 2루타가 났을 경우

투수 : 3루와 홈 중간으로 달려나와 송구되는 베이스 뒤를 커버한다.

포수 : 홈 플레이트를 지킨다.

1루수 : 중계 플레이어가 된다.

2루수 : 유격수 1m 뒤에 위치한다.

유격수 : 중계 플레이를 위해 좌중간 외야로 달려간다.

3루수 : 3루베이스 왼쪽에 서서 3루를 지킨다.

중견수 : 좌익수를 커버한다.

우익수 : 2루 쪽으로 이동한다.

SITUATION 7

DOUBLE, POSSIBLE TRIPLE, TO LEFT CENTER

Man on 1B, or

Men on 1B and 2B, or

Bases loaded.

PITCHER: Go halfway between home and 3B and then back up the base where throw is going.

CATCHER: Protect home plate.

FIRST BASEMAN: Be the cutoff man.

SECOND BASEMAN: Trail about 30 feet behind shortstop in line with 3B.

SHORTSTOP: Go to a spot in left center to become relay man.

THIRD BASEMAN: Cover 3B; stand on left side of base.

CENTER FIELDER: Back up the left fielder.

RIGHT FIELDER: Move in to cover 2B.

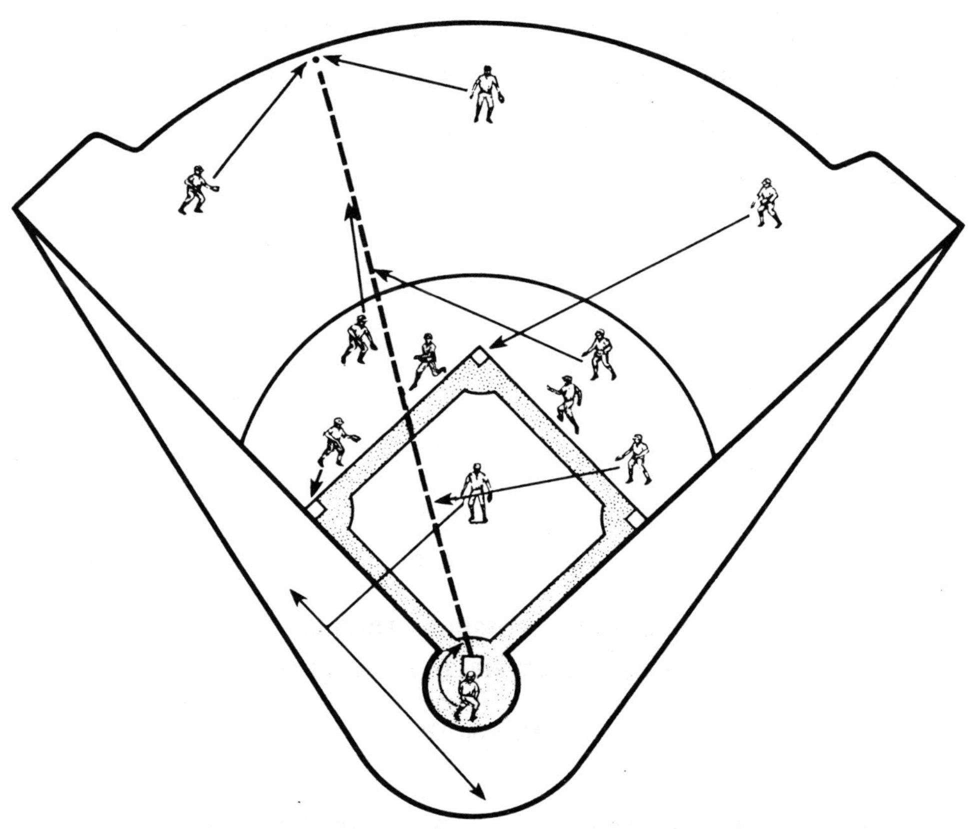

상황 7

〈상황 8〉

주자가 1루에 있을 때 좌익선상으로 흐르는 3루타가 가능한 2루타가 났을 경우

투수 : 포수를 커버한다.

포수 : 홈 플레이트를 지킨다.

1루수 : 중계 플레이어가 된다.

2루수 : 유격수 뒤에 위치한다.

유격수 : 중계 플레이어가 된다.

3루수 : 3루를 지킨다.

중견수 : 좌익수를 커버한다.

우익수 : 2루를 지킨다.

SITUATION 8

DOUBLE, POSSIBLE TRIPLE, DOWN LEFT-FIELD FOUL LINE

Man on 1B.

PITCHER: Back up home plate.

CATCHER: Cover home plate.

FIRST BASEMAN: Become the cutoff man.

SECOND BASEMAN: Become trailer behind the shortstop.

SHORTSTOP: Relay man!

THIRD BASEMAN: Cover 3B.

CENTER FIELDER: Back up left fielder.

RIGHT FIELDER: Cover 2B.

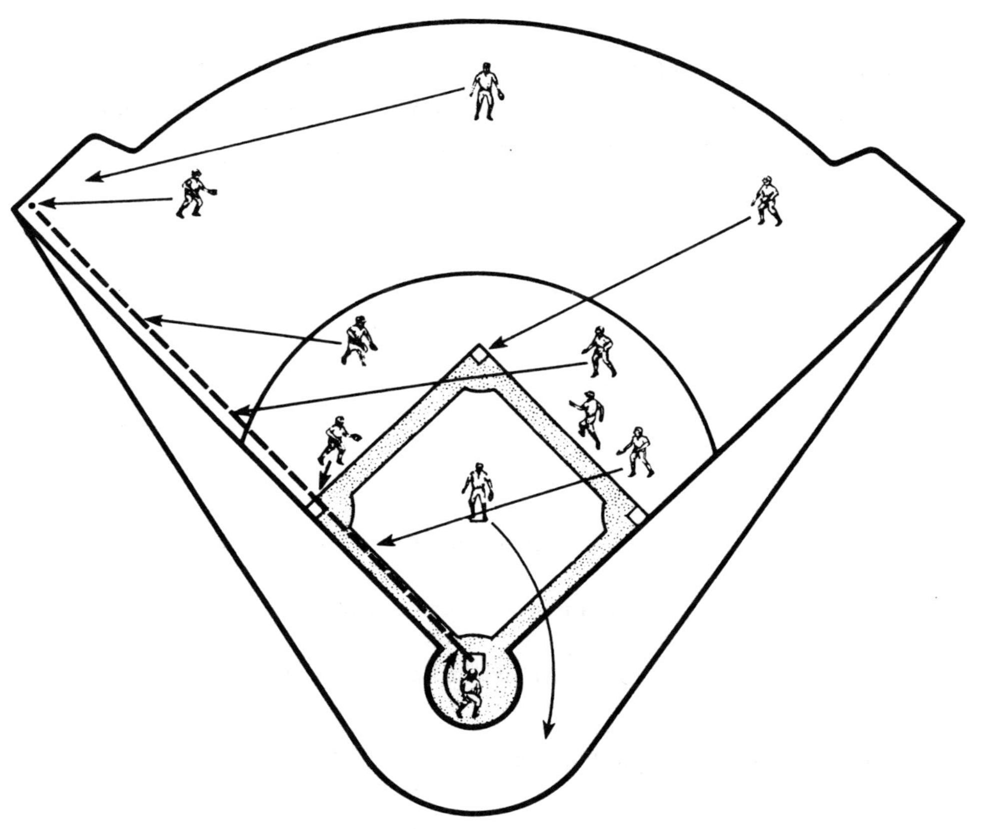

상황 8

〈상황 9〉

주자가 없을 때 중견수 앞에 단타가 났을 경우

투수 : 2루베이스와 투수 마운드 중간 지점으로 이동한다.

포수 : 홈 플레이트 주변을 지킨다.

1루수 : 타자주자가 1루베이스를 밟고 지나치는지를 확인한 다음 1루를 지킨다.

유격수 : 2루를 지키거나 중견수로부터 송구된 공을 잡는다.

2루수 : 유격수와 동일.

3루수 : 3루베이스 주변을 지킨다.

외야수 : 좌익수와 우익수는 중견수를 커버한다.

SITUATION 9

SINGLE TO CENTER FIELD

No one on base.

PITCHER: Move to a position half-way between mound and 2B.

CATCHER: Protect home-plate area.

FIRST BASEMAN: Make sure the runner tags the base in making the turn, then cover 1B.

SHORTSTOP: Cover 2B or take relay throw from center fielder.

SECOND BASEMAN: Cover 2B or take relay throw from center fielder.

THIRD BASEMAN: Protect 3B area.

OUTFIELDERS: Left and right fielders back up center fielder.

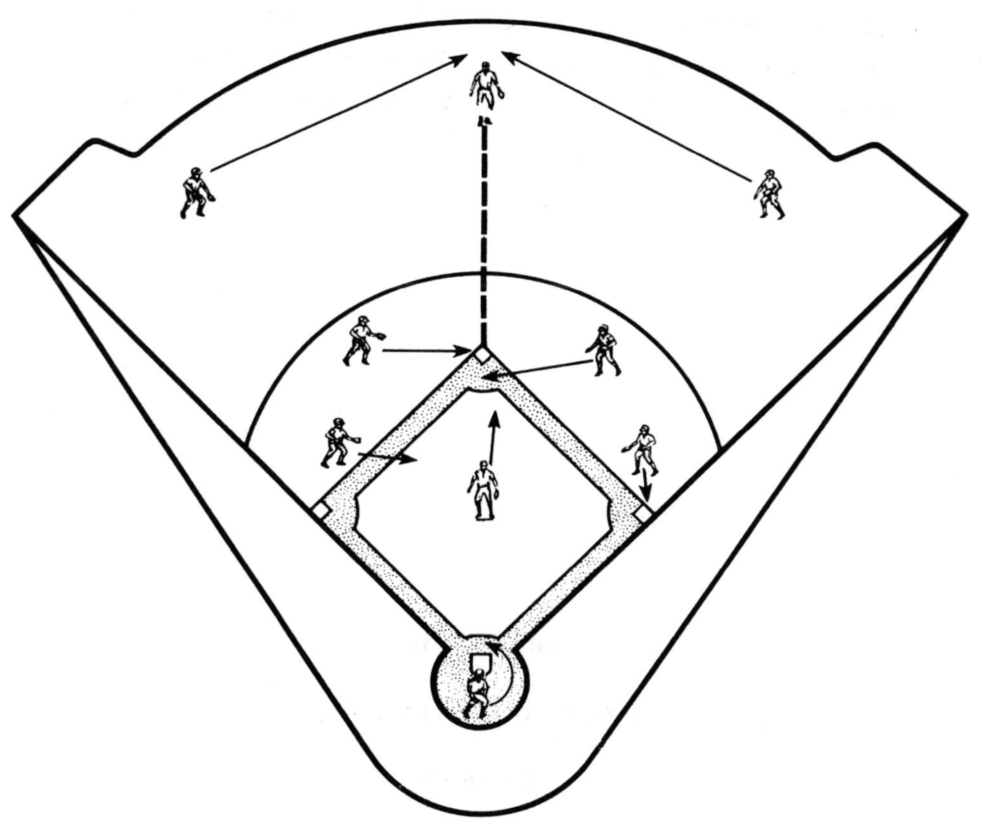

상황 9

〈상황 10〉

주자가 1루에 있을 때 중견수 앞에 단타가 났을 경우

투수 : 3루를 커버한다.

포수 : 홈 플레이트를 지킨다.

1루수 : 1루를 지킨다.

2루수 : 2루를 지킨다.

유격수 : 중견수로부터 3루에 송구되는 공을 중계한다.

3루수 : 3루를 지킨다.

좌익수, 우익수 : 중견수를 커버한다.

SITUATION 10

SINGLE TO CENTER FIELD

Man on 1B.

PITCHER: Back up 3B.

CATCHER: Protect home-plate area.

FIRST BASEMAN: Cover 1B.

SECOND BASEMAN: Cover 2B.

SHORTSTOP: Be cutoff man on throw from center field to 3B.

THIRD BASEMAN: Cover 3B.

LEFT AND RIGHT FIELDERS: Back up center fielder.

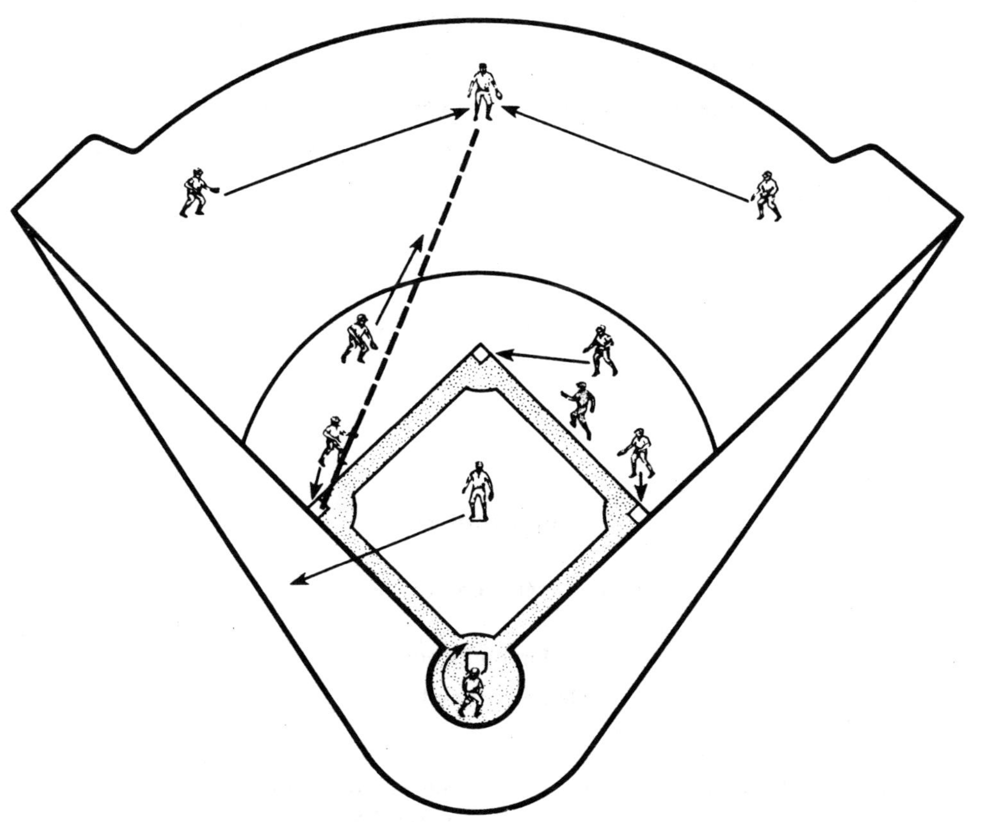

상황 10

〈상황 11〉

주자 2루, 또는 주자 2, 3루에 있을 때 중견수 앞에 단타가 났을 경우

투수 : 홈 플레이트를 커버한다.

포수 : 홈 플레이트를 지킨다.

1루수 : 중계 플레이어가 된다.

2루수 : 일단 타구를 쫓아가고 가능하면 1루베이스를 지키러 간다.

유격수 : 타구를 쫓아가고 뒤이어 2루를 지킨다.

3루수 : 3루를 지킨다.

좌익수, 우익수 : 중견수를 커버한다.

SITUATION 11

SINGLE TO CENTER FIELD

Man on 2B, or

Men on 2B and 3B.

PITCHER: Back up home plate.

CATCHER: Cover home plate.

FIRST BASEMAN: Be the cutoff man.

SECOND BASEMAN: Go after ball. If possible, return to cover 1B.

SHORTSTOP: Go after ball. Then cover 2B.

THIRD BASEMAN: Cover 3B.

LEFT FIELDER: Back up center fielder.

RIGHT FIELDER: Back up center fielder.

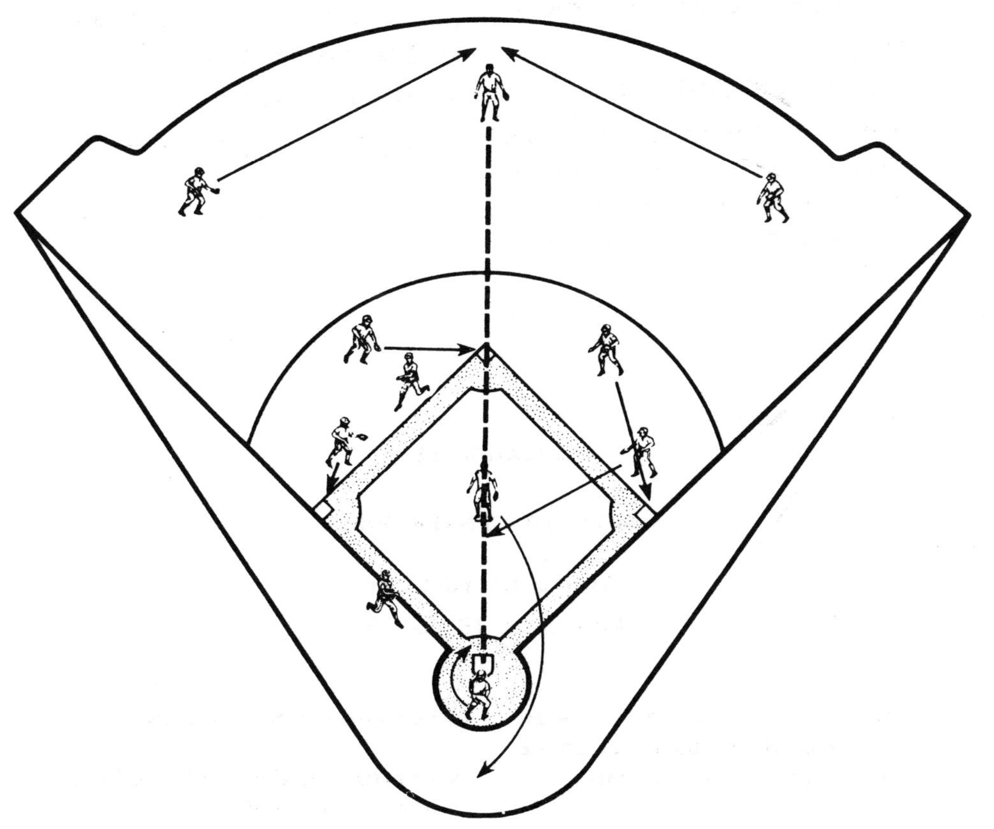

상황 11

〈상황 12〉

주자 1, 2루, 또는 주자 만루일 때 중견수 앞에 단타가 났을 경우

투수 : 홈과 3루 가운데로 뛰어나가 송구되어지는 베이스 뒤를 커버한다.

포수 : 홈 플레이트를 지킨다.

1루수 : 홈 플레이트로부터 약 14m (45피트) 떨어진 지점으로 달려가 중계 플레이에 대비한다. 만약 3루로 송구될 경우 재빨리 1루로 돌아간다.

2루수 : 2루를 지킨다.

유격수 : 3루로 송구될 경우에 대비한 중계 플레이어가 된다.

3루수 : 3루를 지킨다.

좌익수, 우익수 : 중견수를 커버한다.

SITUATION 12

SINGLE TO CENTER FIELD

Men on 1B and 2B, or

Men on 1B, 2B, and 3B.

PITCHER: Go halfway between home and 3B, and then back up the base where the throw is going.

CATCHER: Cover home plate.

FIRST BASEMAN: Move into a spot 45 feet from home plate in line with the throw, to be cutoff man. If throw goes to 3B, hustle back to 1B to cover that base.

SECOND BASEMAN: Cover 2B.

SHORTSTOP: Be the cutoff man for a possible throw to 3B.

THIRD BASEMAN: Cover 3B.

LEFT FIELDER: Back up center fielder.

RIGHT FIELDER: Back up center fielder.

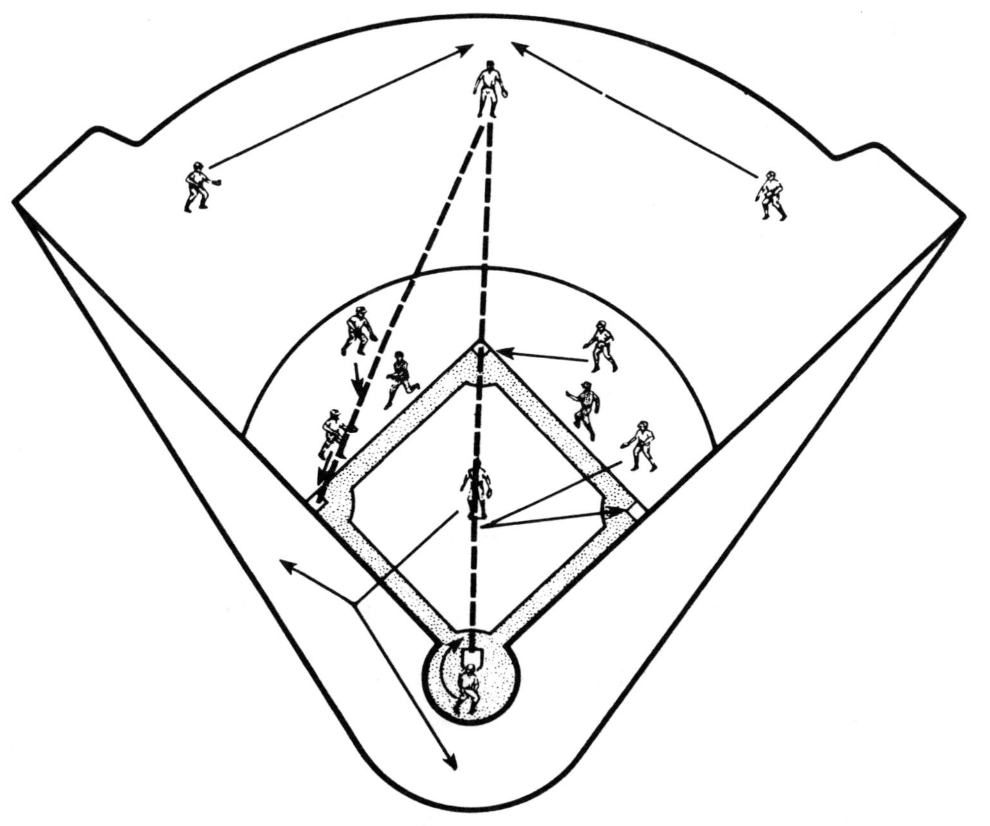

상황 12

〈상황 13〉

주자 1, 3루 또는 주자 만루일 때 중견수 또는 우익수 쪽에 플라이 볼이 떴을 경우

투수 : 홈 플레이트를 커버한다.

포수 : 홈 플레이트를 지킨다.

1 루수 : 중계 플레이어가 된다.

2 루수 : 1루를 지킨다.

유격수 : 2루를 지킨다.

3 루수 : 3루를 지킨다.

좌익수, 우익수 : 플라이 볼을 쫓아 움직인다.

SITUATION 13

FLY BALL TO CENTER FIELD OR RIGHT FIELD

Runners on 1B and 3B, or
Bases loaded.

PITCHER: Back up home plate.

CATCHER: Cover home plate.

FIRST BASEMAN: Be the cutoff man.

SECOND BASEMAN: Cover 1B.

SHORTSTOP: Cover 2B.

THIRD BASEMAN: Cover 3B.

LEFT FIELDER: Move toward fly ball.

RIGHT FIELDER: Move toward fly ball.

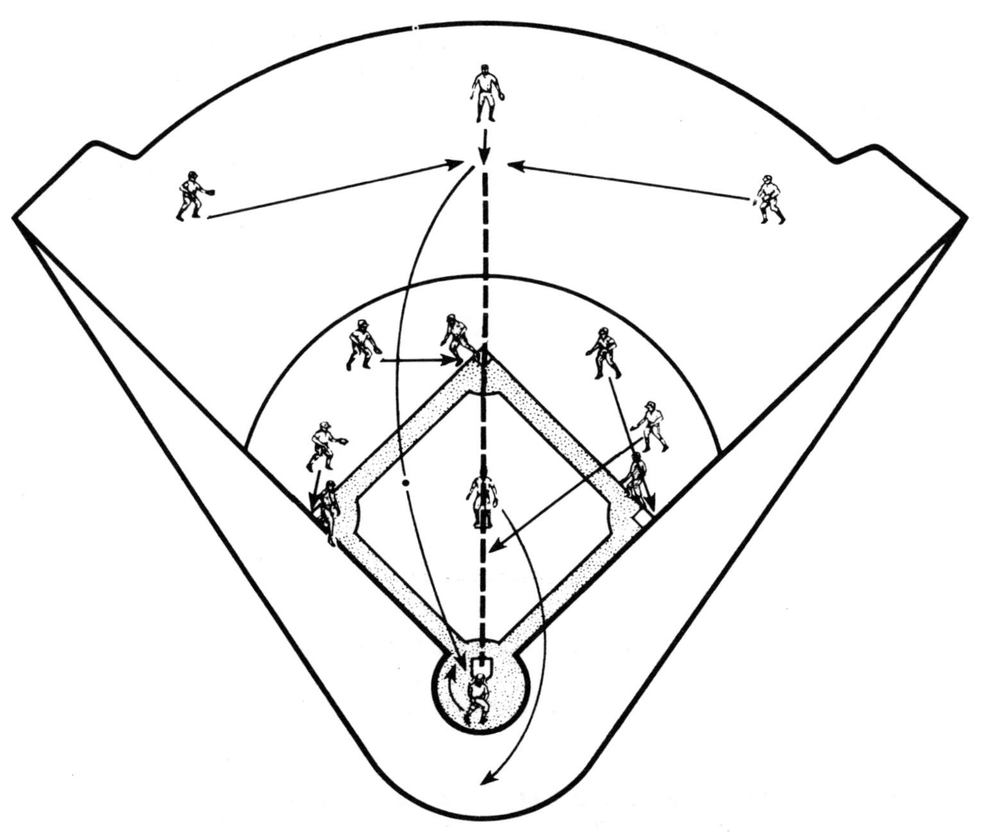

상황 13

〈상황 14〉

루상에 주자가 없고 우익수 앞에 단타가 났을 경우

투수 : 투수 마운드와 2루베이스 가운데 지점으로 움직인다.

포수 : 홈 플레이트를 지킨다.

1루수 : 타자주자가 1루베이스를 밟고 지나는지를 확인한 다음 1루를 지킨다.

유격수 : 2루를 지킨다.

2루수 : 우익수로부터 송구된 공을 쫓아나가 잡는다.

3루수 : 3루를 지킨다.

외야수 : 중견수는 우익수를 커버하고 좌익수는 3루 쪽으로 움직인다.

SITUATION 14

SINGLE TO RIGHT FIELD

No one on base.

PITCHER: Move to a position half-way between mound and 2B.

CATCHER: Protect home-plate area.

FIRST BASEMAN: Make sure the runner tags the base in making the turn, then cover 1B.

SHORTSTOP: Cover 2B.

SECOND BASEMAN: Go out to take throw from right fielder.

THIRD BASEMAN: Protect 3B area.

OUTFIELDERS: Center fielder back up right fielder. Left fielder move in toward 3B.

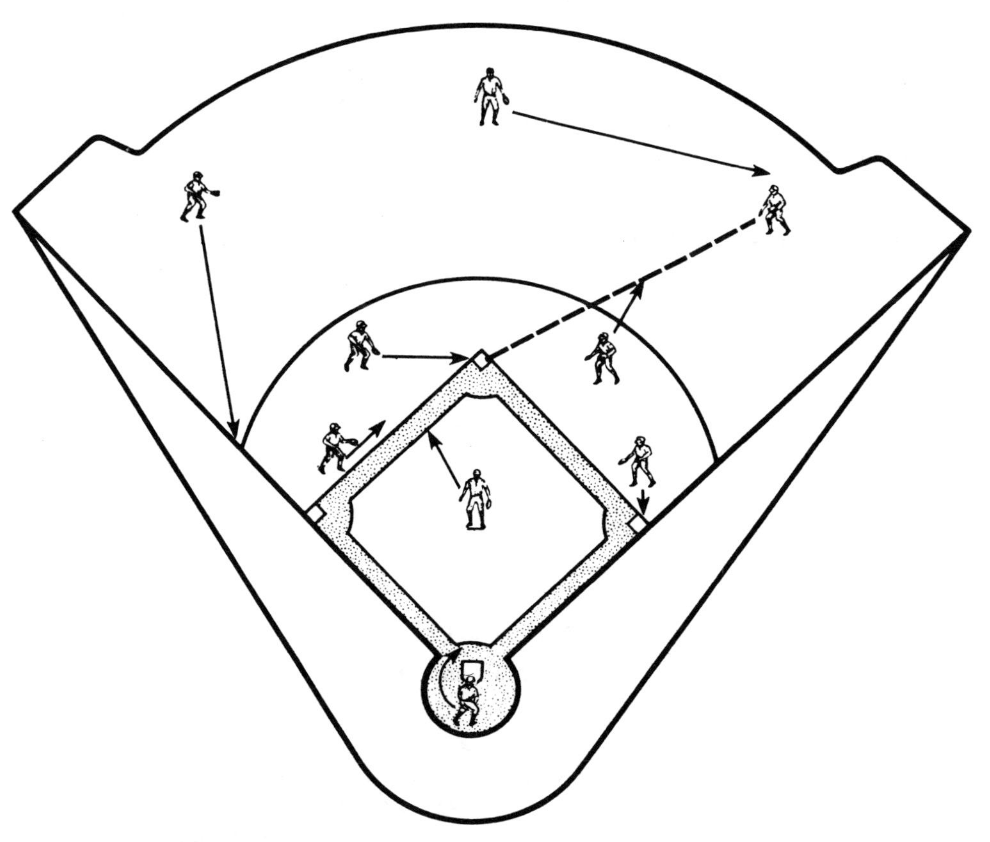

상황 14

〈상황 15〉

주자 1루 또는 주자 1, 3루에 있을 때 우익수 앞에 단타가 났을 경우

투수 : 송구 방향과 나란한 위치에서 3루를 커버한다.

포수 : 홈 플레이트를 지킨다.

1루수 : 1루를 지킨다. 타자주자가 1루베이스를 밟는지 확인한다.

2루수 : 2루를 지킨다. 주자가 2루베이스를 밟는지 확인한다.

유격수 : 외야수가 타구를 포구한 지점과 3루베이스를 직선으로 잇는 선상에 3루로부터 약 14m (45피트) 떨어진 지점에 위치한다.

3루수 : 3루를 지킨다.

좌익수 : 3루 쪽으로 움직인다.

중견수 : 우익수를 커버한다.

SITUATION 15

SINGLE TO RIGHT FIELD

Man on 1B, or

Men on 3B and 1B.

PITCHER: Back up 3B in line with throw.

CATCHER: Protect home plate.

FIRST BASEMAN: Cover 1B. Make sure runner tags 1B.

SECOND BASEMAN: Cover 2B. Make sure runner tags 2B.

SHORTSTOP: Station yourself about 45 feet from 3B, on a direct line from 3B to the outfielder fielding the ball.

THIRD BASEMAN: Cover 3B.

LEFT FIELDER: Move in toward 3B.

CENTER FIELDER: Back up right fielder.

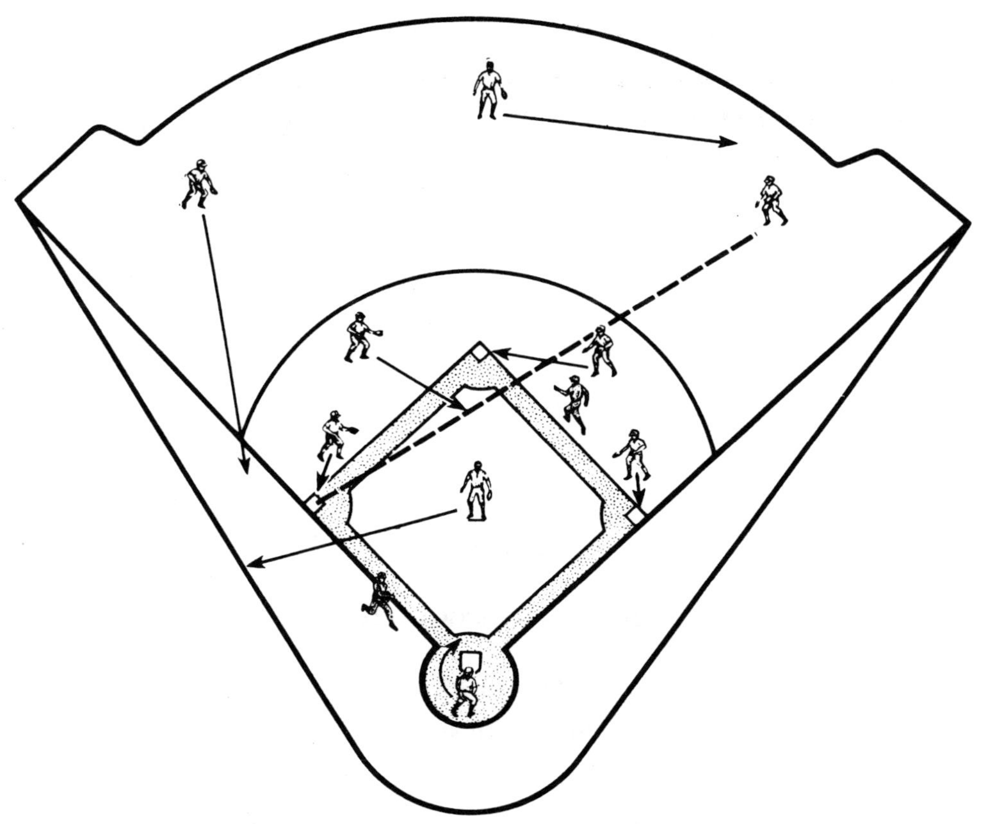

상황 15

〈상황 16〉

주자 2루 또는 주자 2, 3루일 때 우익수 앞에 단타가 났을 경우

투수 : 홈 플레이트를 커버한다.

포수 : 홈 플레이트를 지킨다.

1루수 : 중계 플레이를 위해 홈 플레이트로부터 약 14m(45피트) 떨어진 거리에 위치한다.

2루수 : 1루를 지킨다.

유격수 : 2루를 지킨다.

3루수 : 3루를 지킨다.

좌익수 : 2루 쪽으로 움직인다.

중견수 : 우익수를 커버한다.

SITUATION 16

SINGLE TO RIGHT FIELD

Man on 2B, or
Men on 2B and 3B.

PITCHER: Back up home plate.

CATCHER: Cover home plate.

FIRST BASEMAN: Take position about 45 feet from home plate to become cutoff man.

SECOND BASEMAN: Cover 1B.

SHORTSTOP: Cover 2B.

THIRD BASEMAN: Cover 3B.

LEFT FIELDER: Move in toward 2B.

CENTER FIELDER: Back up right fielder.

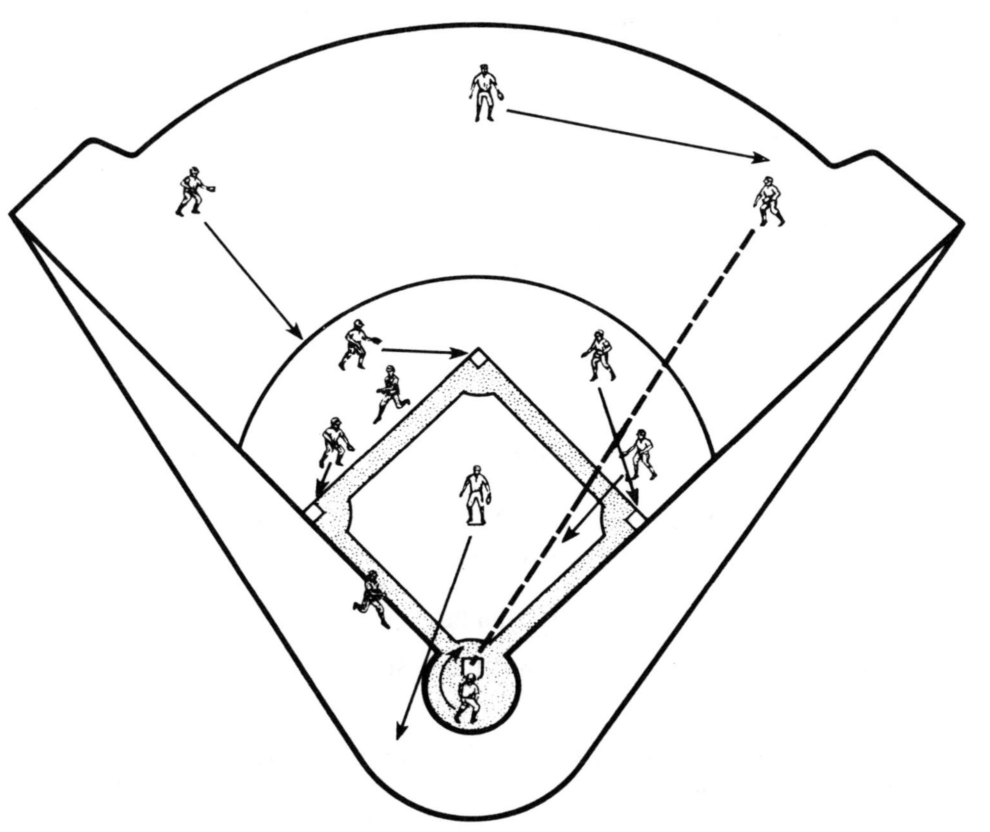

상황 16

〈상황 17〉

주자 2루 또는 주자 2, 3루일 때 1루와 2루 사이를 빠져나가는 우익수 앞 안타가 났을 경우

투수 : 1루를 지키러 뛰어나간 다음 홈 플레이트 쪽으로 달려가 홈 플레이트를 커버한다.

포수 : 홈 플레이트를 지킨다.

1루수 : 일단 타구를 쫓아간 다음 중계 지점으로 달려간다.

2루수 : 일단 타구를 쫓아간 다음 1루를 지키러 간다.

유격수 : 2루를 지킨다.

3루수 : 3루를 지킨다.

좌익수 : 3루베이스 뒤쪽으로 움직인다.

중견수 : 우익수를 커버한 다음 2루 지역으로 움직인다.

SITUATION 17

SINGLE TO RIGHT FIELD BETWEEN FIRST AND SECOND BASEMEN

Man on 2B, or

Men on 2B and 3B.

PITCHER: Start to cover 1B, then back up home plate.

CATCHER: Cover home plate.

FIRST BASEMAN: After attempting to field ball, return to cutoff position.

SECOND BASEMAN: After attempting to field ball, continue to cover 1B.

SHORTSTOP: Cover 2B.

THIRD BASEMAN: Cover 3B.

LEFT FIELDER: Move into area behind 3B.

CENTER FIELDER: Back up right fielder, move in toward 2B after ball is fielded.

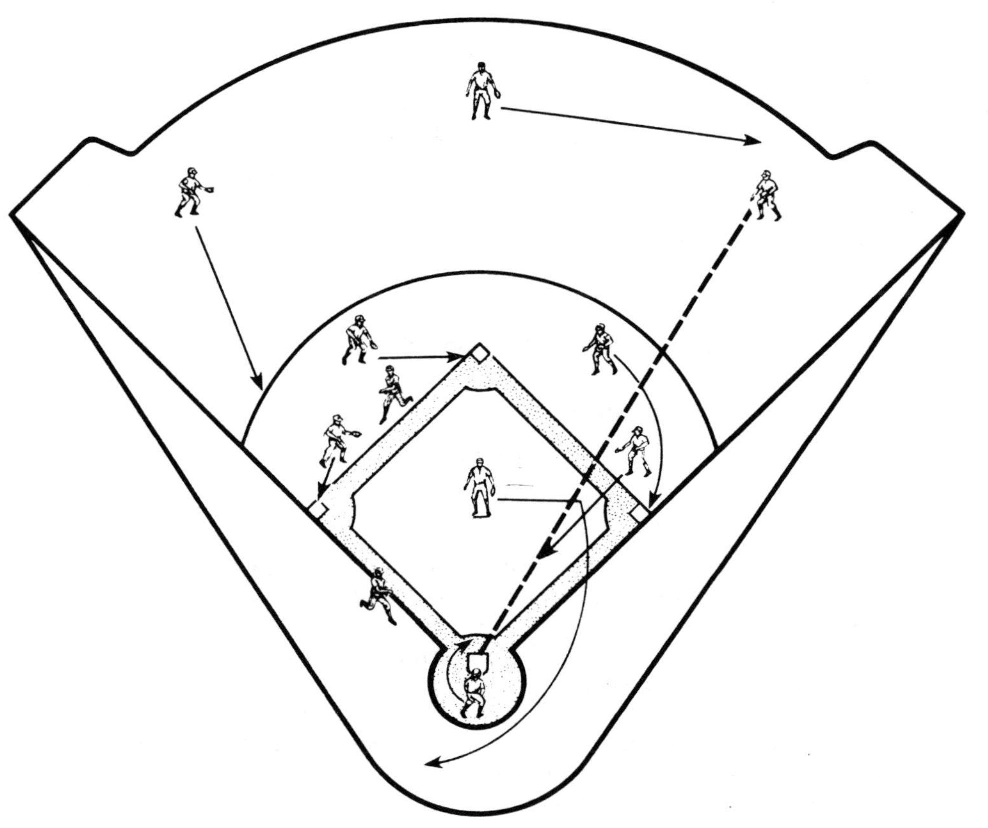

상황 17

〈상황 18〉

주자 1, 2루 또는 주자 만루일 때 우익수 앞에 안타가 났을 경우

투수 : 3루와 홈 가운데로 뛰어가서 어느 베이스로 송구되는지를 확인하고 수비에 임한다.

포수 : 홈 플레이트를 지킨다.

1루수 : 홈 플레이트로 송구될 경우 중계 플레이어가 되고 만약 3루로 송구될 경우 1루를 지킨다.

2루수 : 2루를 지킨다.

유격수 : 3루로 송구될 경우 중계 플레이어가 된다.

3루수 : 3루를 지킨다.

좌익수 : 3루를 커버한다.

중견수 : 우익수를 커버한다.

우익수 : 동점 주자 또는 역전 주자가 3루로 가지 못하도록 유격수에게 낮은 송구를 한다.

SITUATION 18

SINGLE TO RIGHT FIELD

Men on 1B and 2B, or
Men on 1B, 2B, and 3B.*

PITCHER: Go halfway between 3B and home to see where the throw goes.

CATCHER: Cover home plate.

FIRST BASEMAN: Become a cutoff man in case the throw is made to the plate. If throw goes to 3B, cover 1B.

SECOND BASEMAN: Cover 2B.

SHORTSTOP: Cutoff man for the throw to 3B.

THIRD BASEMAN: Cover 3B.

LEFT FIELDER: Move to a point near the line and back up 3B.

CENTER FIELDER: Back up right fielder.

RIGHT FIELDER: Make a low throw to the shortstop to keep the tying or winning run from going to 3B.

* ALWAYS keep tying or winning run from going to 3B with less than two out. Give opposing team two runs to keep the tying run at 2B in this situation. NEVER make a foolish throw to the plate.

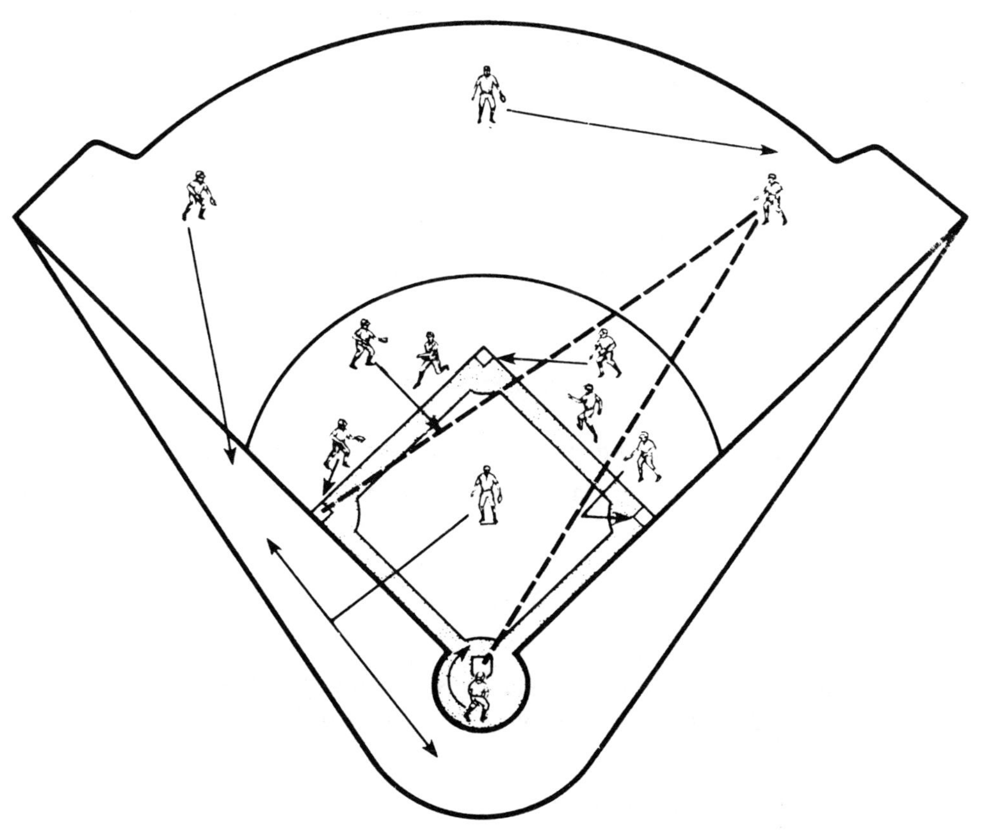

상황 18

〈상황 19〉

주자 1, 2루 또는 주자 만루일 때 1, 2루 사이를 빠져나가 우익수 앞에 안타가 났을 경우

투수 : 일단 1루를 지키러 달려간다. 타구가 1, 2루 사이를 빠져나가면 커버가 필요한 베이스로 달려간다.

포수 : 홈 플레이트를 지킨다.

1루수 : 타구를 잡지 못했을 경우 중계 지점으로 달려간다.

2루수 : 타구를 잡지 못했을 경우 1루를 지키러 간다.

유격수 : 3루로 송구될 경우 중계 플레이어가 된다.

3루수 : 3루를 지킨다.

좌익수 : 3루를 커버한다.

중견수 : 우익수를 커버한다.

SITUATION 19

SINGLE TO RIGHT FIELD BETWEEN FIRST AND SECOND BASEMEN

Men on 1B and 2B, or

Bases loaded.

PITCHER: Start to cover 1B, and when ball gets through, back up necessary base.

CATCHER: Cover home plate.

FIRST BASEMAN: When you can't field the ball, return to cutoff position.

SECOND BASEMAN: When you can't field the ball, continue on to cover 1B.

SHORTSTOP: Cutoff man for a possible throw to 3B.

THIRD BASEMAN: Cover 3B.

LEFT FIELDER: Move into area behind 3B to help backup.

CENTER FIELDER: Back up the right fielder.

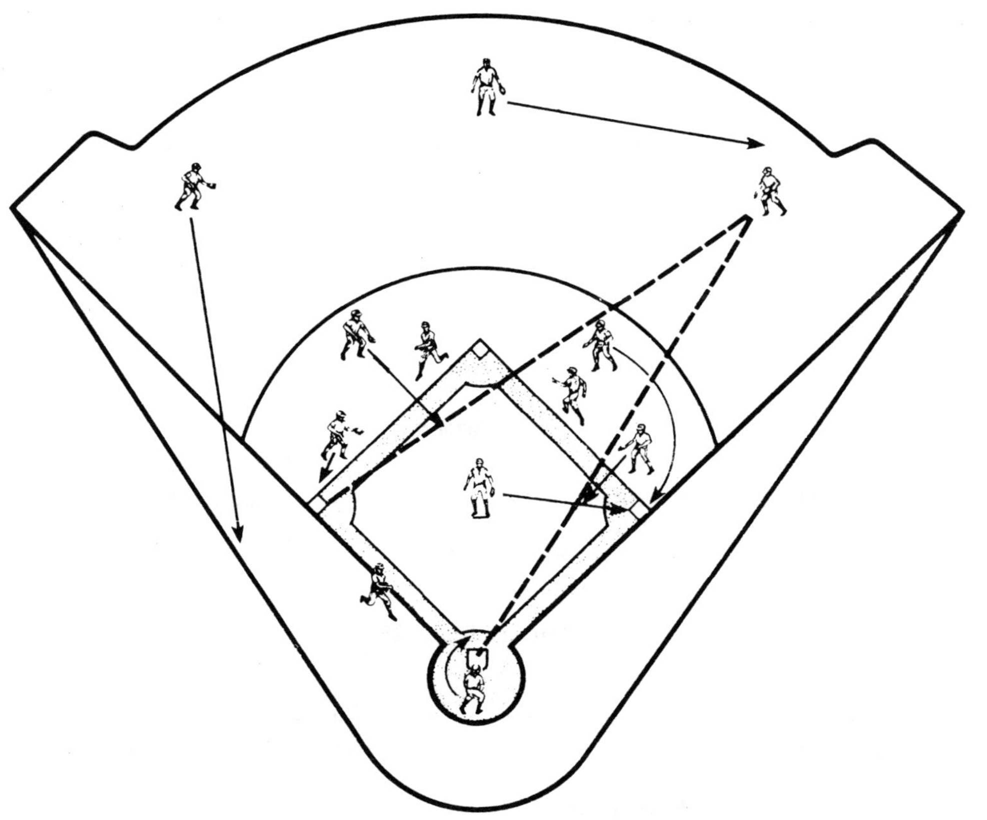

상황 19

〈상황 20〉

주자가 없거나 주자 3루, 주자 2루 또는 주자 2, 3루에 있을 때 우중간에 3루타가 가능한 2루타가 났을 경우

투수 : 3루를 커버한다. 가능하면 깊은 위치에서 커버한다.

포수 : 홈 플레이트를 지킨다.

1루수 : 주자를 따라 2루까지 뛰어간 다음 베이스에서 일어날 플레이를 준비한다.

2루수 : 타구가 날아간 곳과 3루를 잇는 선상의 외야로 달려가 중계 플레이를 한다.

유격수 : 2루수와 같은 선상에 10 m 쯤 뒤에 위치한다.

3루수 : 3루를 지킨다.

좌익수 : 3루 쪽으로 움직인다.

우익수 : 중견수를 커버한다.

SITUATION 20

DOUBLE, POSSIBLE TRIPLE, TO RIGHT CENTER FIELD

No one on base, or

Man on 3B or 2B, or

Men on 3B and 2B.

PITCHER: Back up 3B. Get as deep as possible.

CATCHER: Protect home plate.

FIRST BASEMAN: Trail the runner to 2B; cover the bag, ready for a play at that base.

SECOND BASEMAN: Go to spot in center field, in line with 3B, to become relay man.

SHORTSTOP: Trail about 30 feet behind second baseman, in line with 3B.

THIRD BASEMAN: Cover 3B.

LEFT FIELDER: Move in toward 3B.

RIGHT FIELDER: Back up center fielder.

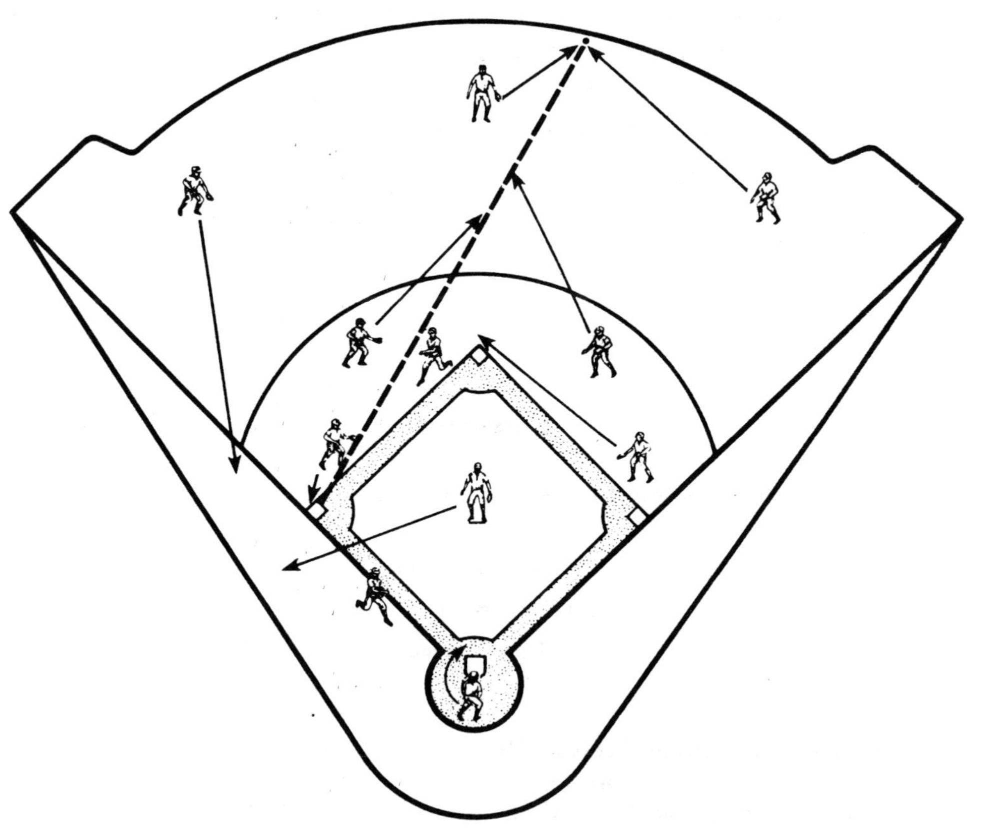

상황 20

〈 상황 21 〉

주자 1루, 주자 1, 2루 또는 만루일 때 우중간에 3루타가 가능한 2루타가 났을 경우

투수 : 3루와 홈 가운데로 뛰어나가 어느 쪽으로 공이 오는지를 살핀 다음 오는 쪽의 베이스를 커버한다.

포수 : 홈 플레이트를 지킨다.

1루수 : 중계 플레이어가 된다.

2루수 : 중계 플레이어가 된다.

3루수 : 3루를 지킨다.

유격수 : 일단 2루수 뒤에 위치했다가 2루를 지키러 돌아가야 한다.

좌익수 : 3루베이스 뒤로 움직인다.

우익수, 중견수 : 타구를 쫓아간다.

SITUATION 21

DOUBLE, POSSIBLE TRIPLE, TO RIGHT CENTER FIELD

Man on 1B, or

Men on 1B and 2B, or

Bases loaded.

PITCHER: Go halfway between 3B and the plate to see where the throw is coming, and then back up either base.

CATCHER: Cover home plate.

FIRST BASEMAN: Be the cutoff man.

SECOND BASEMAN: Become relay man.

THIRD BASEMAN: Cover 3B.

SHORTSTOP: Be trailer relay man, then return and cover 2B.

LEFT FIELDER: Move into area behind 3B.

RIGHT FIELDER AND CENTER FIELDER: Go after ball.

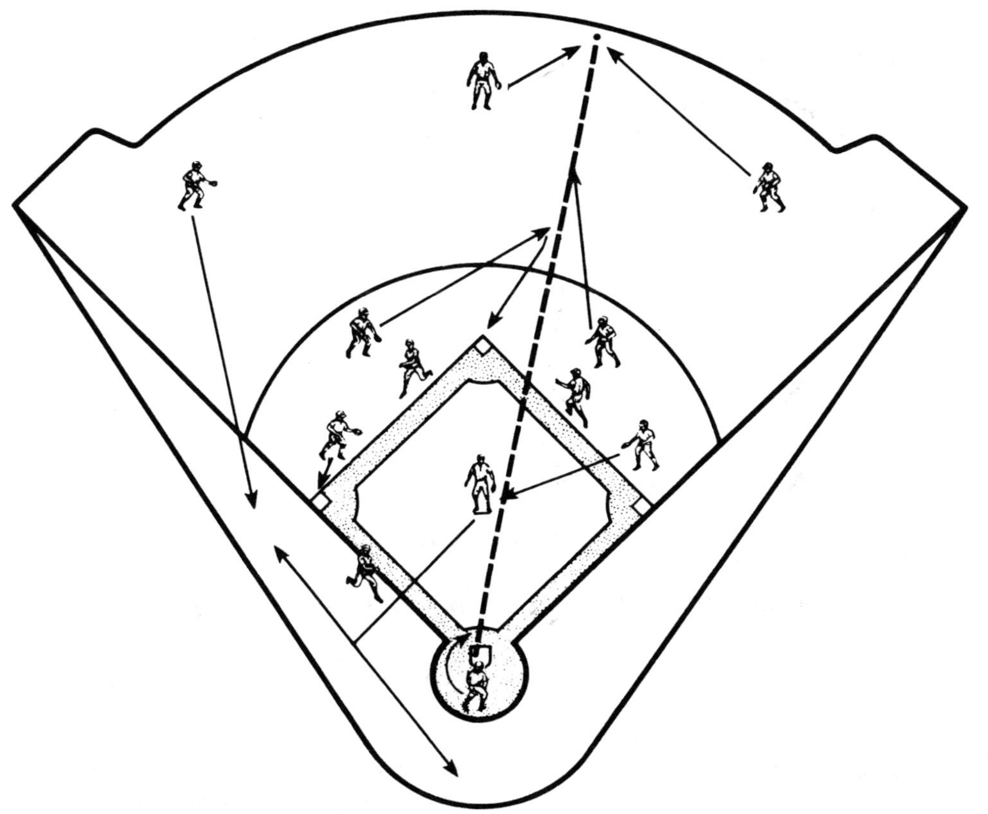

상황 21

〈상황 22〉

루상에 주자가 없을 때 3루타가 가능한 2루타가 우익선상에 났을 경우

투수 : 3루를 커버한다.

포수 : 홈 플레이트를 지킨다.

1루수 : 2루수 뒤에 위치하여 2루수가 공을 놓칠 경우 이를 잡도록 한다.

2루수 : 중계 플레이어가 된다.

유격수 : 2루로 가서 3루로 송구할 경우 중계 플레이어가 된다.

3루수 : 3루를 지킨다.

좌익수 : 3루베이스 뒤쪽으로 이동한다.

중견수 : 우익수를 커버한다.

SITUATION 22

DOUBLE, POSSIBLE TRIPLE, DOWN RIGHT-FIELD LINE

No one on base.

PITCHER: Back up 3B.

CATCHER: Protect home-plate area.

FIRST BASEMAN: Backup or safety-valve man.

SECOND BASEMAN: Become first relay man.

SHORTSTOP: To 2B and then to cutoff position for throw to 3B.

THIRD BASEMAN: Cover 3B.

LEFT FIELDER: Move into an area behind 3B.

CENTER FIELDER: Back up right fielder.

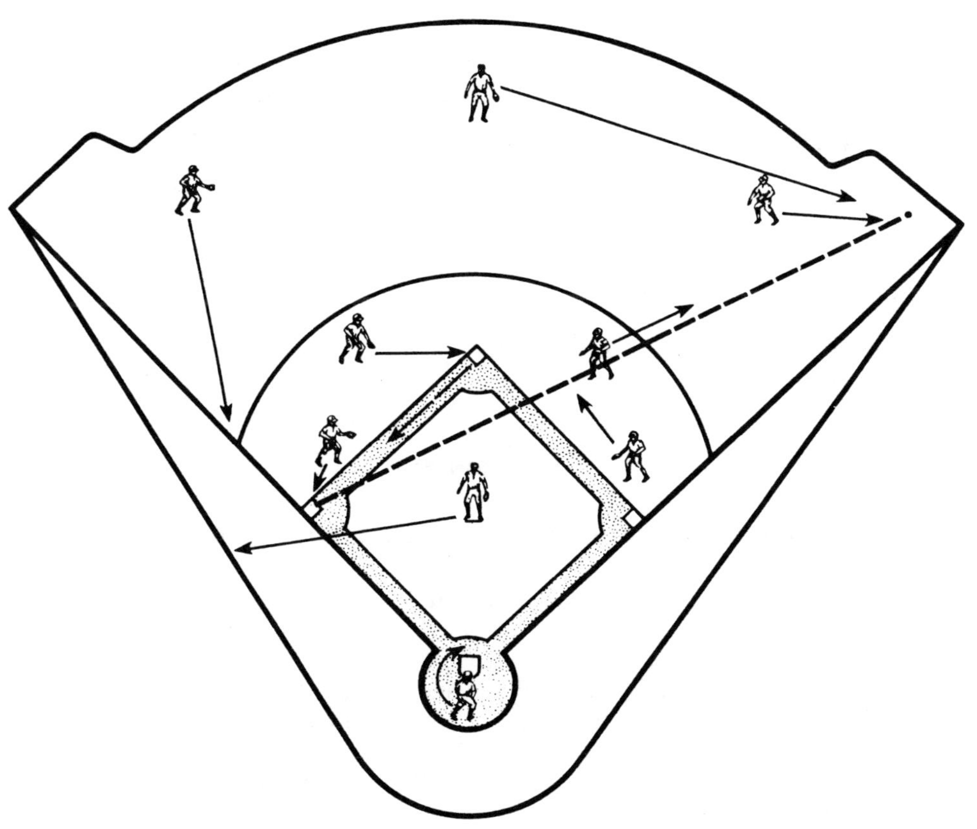

상황 22

<h2 style="text-align:center">〈상황 23〉</h2>

1루에 주자가 있을 때 3루타가 가능한 2루타가 우익선상에 났을 때

투수 : 3루와 홈 사이로 뛰어나가 어느 쪽으로 송구되는지를 살핀다.

포수 : 홈 플레이트를 지킨다.

1루수 : 2루수 뒤를 쫓아가 10m 쯤 뒤에 위치한다.

2루수 : 중계 플레이어가 된다. 우익수와 홈을 잇는 라인 위에 위치한다.

유격수 : 2루를 지킨 다음 3루로 송구될 경우 중계 플레이어가 된다.

3루수 : 3루를 지킨다.

좌익수 : 3루 쪽으로 이동한다.

중견수 : 우익수를 커버한다.

SITUATION 23

DOUBLE, POSSIBLE TRIPLE, DOWN RIGHT-FIELD LINE

Man on 1B.

PITCHER: Go halfway between 3B and home to see where throw is going.

CATCHER: Cover home plate.

FIRST BASEMAN: Trail second baseman—remain about 30 feet back.

SECOND BASEMAN: Relay man. Go to a spot in right field along foul line in line with right fielder and home.

SHORTSTOP: Cover 2B, then to cutoff position for throw to 3B.

THIRD BASEMAN: Cover 3B.

LEFT FIELDER: Move in toward 3B.

CENTER FIELDER: Back up right fielder.

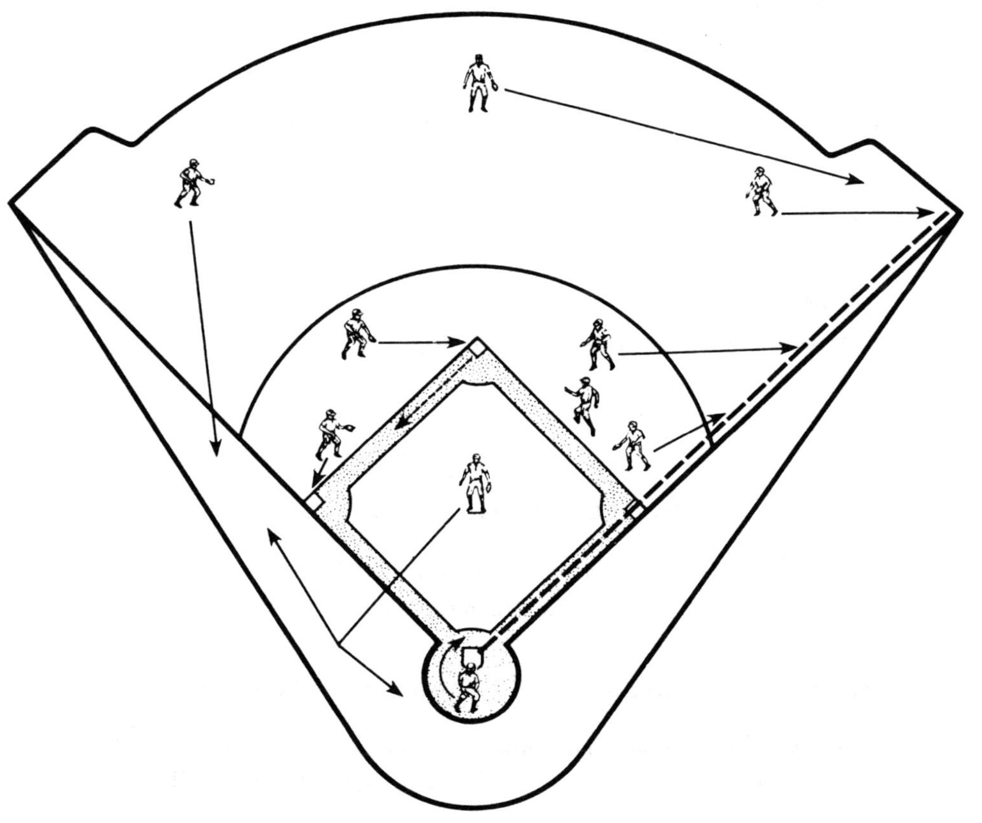

상황 23

〈 높이 뜬 타구 상황 1 〉

무사 또는 1사 후 주자가 1, 3루에 있을 때 홈 플레이트 뒤쪽에 파울 플라이가 났을 경우

투수 : 홈 플레이트를 지킨다.

포수 : 플라이 볼을 잡고 중계 플레이어에게 던진다.

1루수 : 포수를 보조한다.

2루수 : 투수 마운드 뒤에 위치한다.

3루수 : 3루를 지킨다.

유격수 : 2루를 지킨다.

좌익수 : 유격수와 3루수를 커버한다.

중견수 : 2루를 커버한다.

우익수 : 1루를 커버한다.

＊주자가 모두 온 더 베이스(on the base) 한 다음 1루주자가 2루를 향해 달릴 때 포수가 2루를 향해 던지게 되는 경우 2루수가 투수 마운드 쪽으로 전진하지 않으면 3루주자가 쉽게 득점할 수 있다.

POP-FLY SITUATION 1

A FOUL FLY IS HIT BEHIND THE PLATE

Runners on 1B and 3B*
Less than two out.

PITCHER: Cover home plate.

CATCHER: Catch pop-up and throw to cutoff man.

FIRST BASEMAN: Help on pop-up.

SECOND BASEMAN: Become cutoff man behind the pitcher's mound.

THIRD BASEMAN: Cover 3B.

SHORTSTOP: Cover 2B.

LEFT FIELDER: Come in to help back up shortstop and 3B area.

CENTER FIELDER: Back up 2B.

RIGHT FIELDER: Cover 1B.

* Both runners tag up and runner on 1B breaks for 2B. If there is no cutoff man, the runner on 3B will score easily when the catcher makes his throw to 2B.

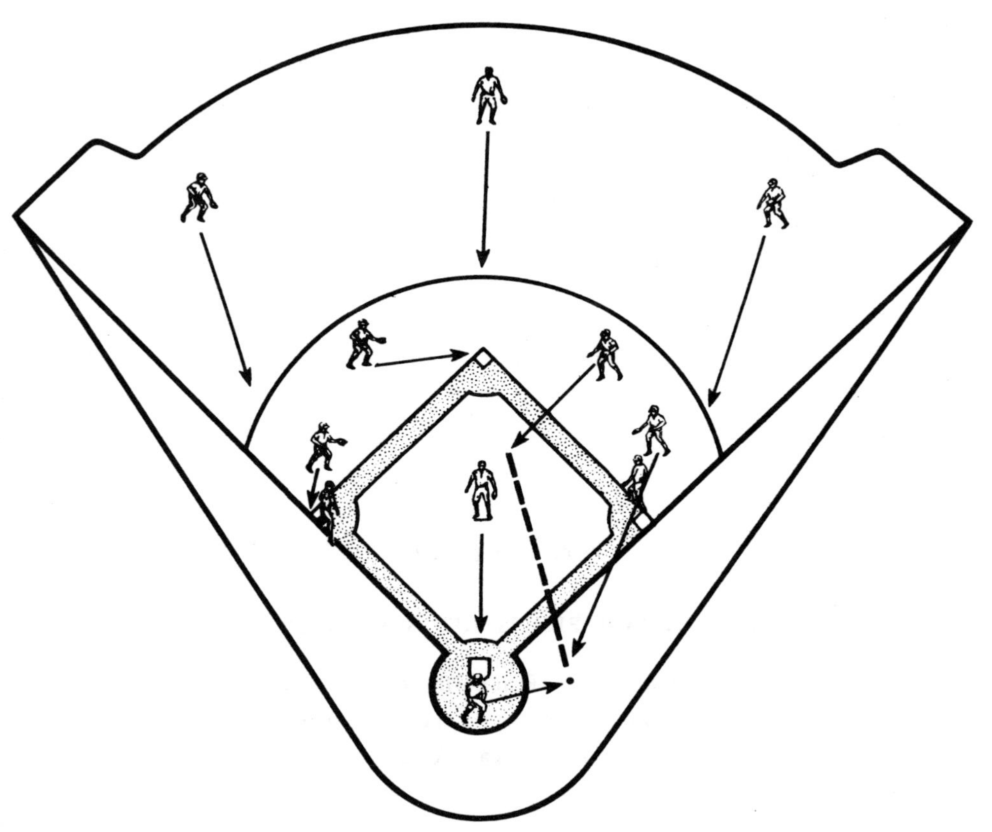

높이 뜬 타구 상황 1

⟨높이 뜬 타구 상황 2⟩

무사 주자 1, 3루, 1루베이스 뒤에 높이 뜬 타구에 주자가 모두 온 더 베이스 한 다음 1루주자가 2루를 향해 달려갈 경우

투수 : 1루를 지킨다.

포수 : 홈 플레이트를 지킨다.

1루수 : 타구를 쫓아간다.

2루수 : 타구를 쫓아간다. 만일 1루수나 외야수가 포구하게 될 경우 콜(call) 플레이를 한다.

유격수 : 2루를 지킨다.

3루수 : 3루를 지킨다.

좌익수 : 3루 지역으로 이동한다.

중견수 : 2루를 커버한다.

POP-FLY SITUATION 2

A POP FLY IS HIT BEHIND 1B

Runners on 1B and 3B, and none out
Both runners tag up and the runner
on 1B breaks for 2B.

PITCHER: Cover 1B.

CATCHER: Cover home plate.

FIRST BASEMAN: Go for pop-up.

SECOND BASEMAN: Also go after the pop-up; call play if 1B or outfield makes catch.

SHORTSTOP: Cover 2B.

THIRD BASEMAN: Cover 3B.

LEFT FIELDER: Move into an area behind 3B for backup man.

CENTER FIELDER: Back up 2B.

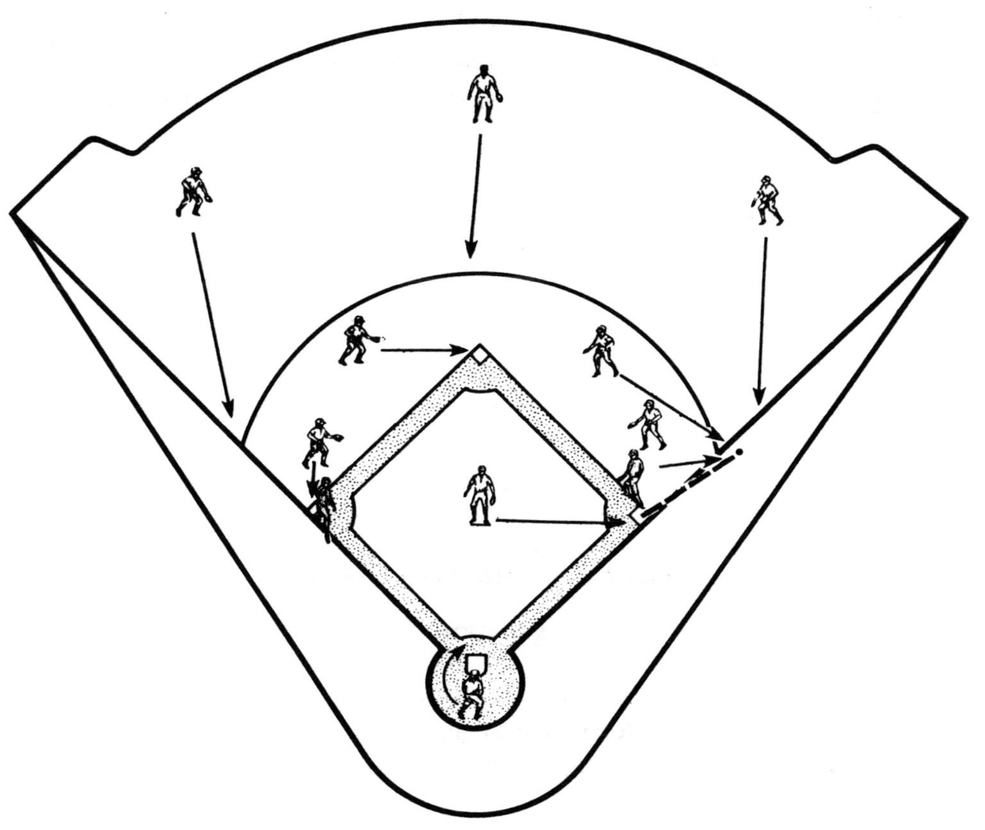

높이 뜬 타구 상황 2

〈폭투, 포일(패스트 볼) 상황〉

주자 3루, 주자 1, 3루, 또는 1, 2루 그리고 주자 3루일 경우

투수 : 홈 플레이트를 지킨다.

포수 : 볼을 쫓는다.

1루수 : 투수 마운드를 지킨다.

2루수 : 2루를 지킨다.

유격수 : 3루를 지킨다.

3루수 : 1루수와 동일.

외야수 : 필요한 상황이 벌어질 경우를 대비하여 내야 쪽으로 이동한다.

WILD PITCHES AND PASSED BALLS

SITUATION

Runner on 3B, or
Runners on 1B and 3B, or
On 1B, 2B and 3B.

PITCHER: Cover home plate.

CATCHER: Retrieve the ball.

FIRST BASEMAN: Back up the plate.

SECOND BASEMAN: Cover 2B.

SHORTSTOP: Cover 3B.

THIRD BASEMAN: Back up plate at the mound.

All outfielders move toward the infield area to help where needed.

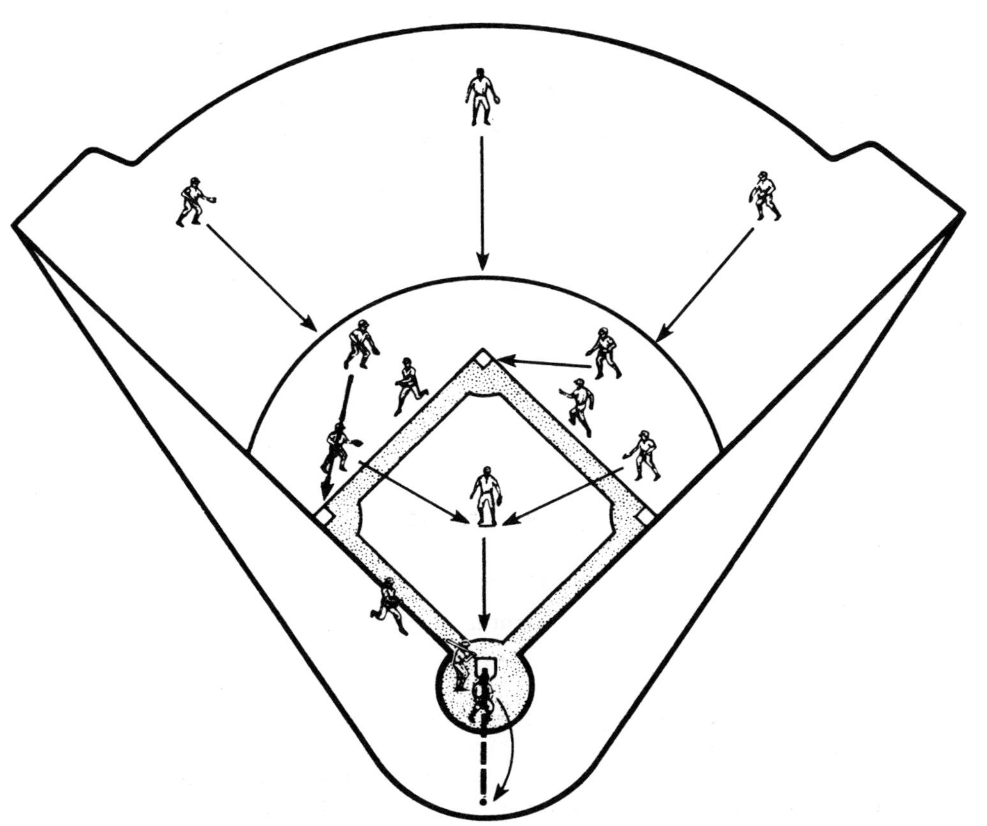

폭투, 포일(패스트 볼) 상황

〈번트 상황 1 〉

주자 1루에 있을 경우

투수 : 투구 후 홈 플레이트 쪽으로 달려간다.

포수 : 가능한 한 모든 번트 타구를 처리하도록 한다. 또 콜(call) 플레이를 한다. 3루수가 홈 플레이트 근처까지 전진하여 번트 타구를 잡을 경우 3루를 지켜야 한다.

1루수 : 1루와 투수 마운드 사이의 지역을 수비한다.

2루수 : 1루를 지킨다.

유격수 : 2루를 지킨다.

3루수 : 3루와 투수 마운드 사이 지역을 수비한다.

좌익수 : 2루 지역으로 이동한다.

중견수 : 2루를 커버한다.

우익수 : 1루를 커버한다.

BUNT SITUATION 1

Runner on 1B,
Bunt in order.

PITCHER: Break toward plate after delivering the ball.

CATCHER: Field all bunts possible; call the play; cover 3B when third baseman fields the bunt in close to home plate.

FIRST BASEMAN: Cover the area between 1B and the mound.

SECOND BASEMAN: Cover 1B . . . cheat by shortening position.

SHORTSTOP: Cover 2B.

THIRD BASEMAN: Cover the area between 3B and the mound.

LEFT FIELDER: Move in toward 2B area.

CENTER FIELDER: Back up 2B.

RIGHT FIELDER: Back up 1B.

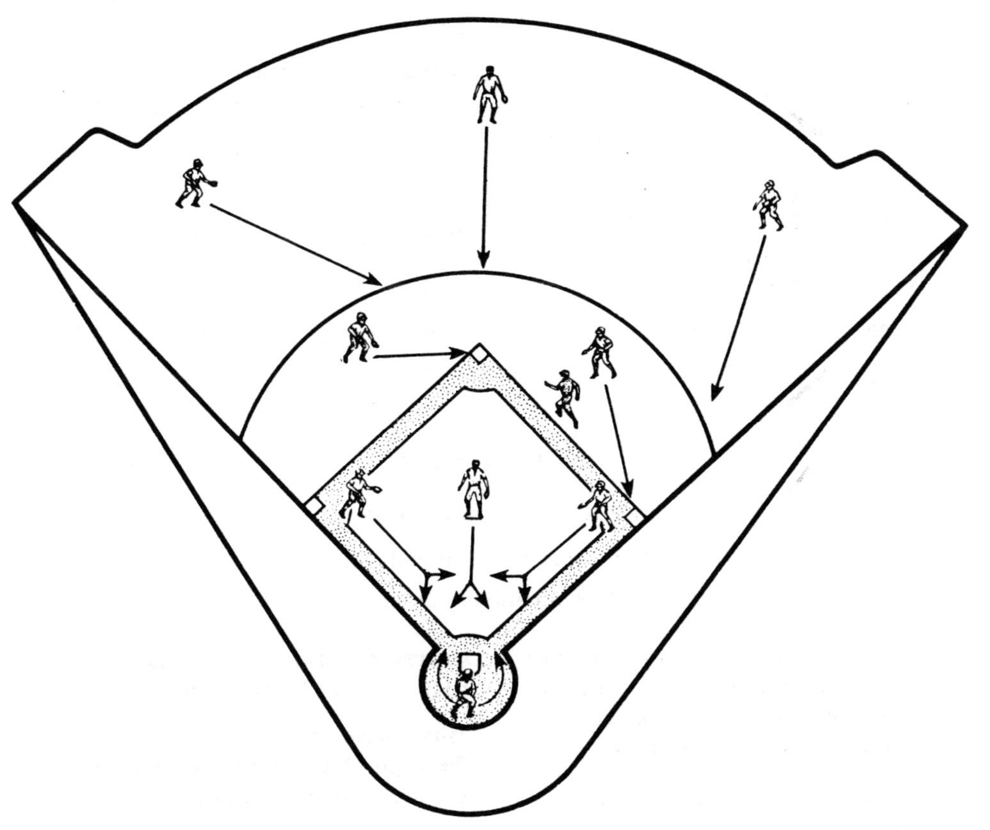

번트 상황 1

〈번트 상황 2〉

주자 1, 2루에 있을 경우

투수 : 투구 후 3루 라인 쪽으로 달려간다. 타구를 직접 잡거나 혹은 3루수가 잡아야 한다고 판단될 경우 이를 알려 준다.

포수 : 홈 플레이트 앞에 떨어진 번트 타구를 처리한다. 콜(call)플레이를 한다.

1루수 : 투수와 포수를 잇는 선에서 1루베이스 라인까지의 모든 번트 타구를 처리한다.

2루수 : 1루를 지킨다.

유격수 : 투구 전에 주자를 베이스에 가능한 한 바짝 묶어둔다. 그리고 2루를 지킨다.

3루수 : 얕은 수비(잔디가 끝나는 곳) 위치에서 투수가 지시하는대로 플레이한다.

좌익수 : 3루를 커버한다.

중견수 : 2루를 커버한다.

우익수 : 1루를 커버한다.

첫째는 3루를 향해 달리는 주자를 잡아야 하며 최소한 1명의 주자는 반드시 잡아야 한다.

BUNT SITUATION 2

REGULAR BUNT PLAY

With runners on 1B and 2B,

Bunt situation in order.

PITCHER: Break toward 3B line upon delivering the ball, and either make necessary play or call for third baseman to make play.

CATCHER: Field bunts in front of plate; *call the play.*

FIRST BASEMAN: Be responsible for all balls in the area between 1B and a direct line from the mound to home.

SECOND BASEMAN: Cover 1B.

SHORTSTOP: Hold runner close to bag before pitch; cover 2B.

THIRD BASEMAN: Take position on the edge of the grass; be prepared to make play as called by pitcher.

LEFT FIELDER: Back up 3B.

CENTER FIELDER: Back up 2B.

RIGHT FIELDER: Back up 1B.

First objective is to retire the runner at 3B, but one runner *must* be retired.

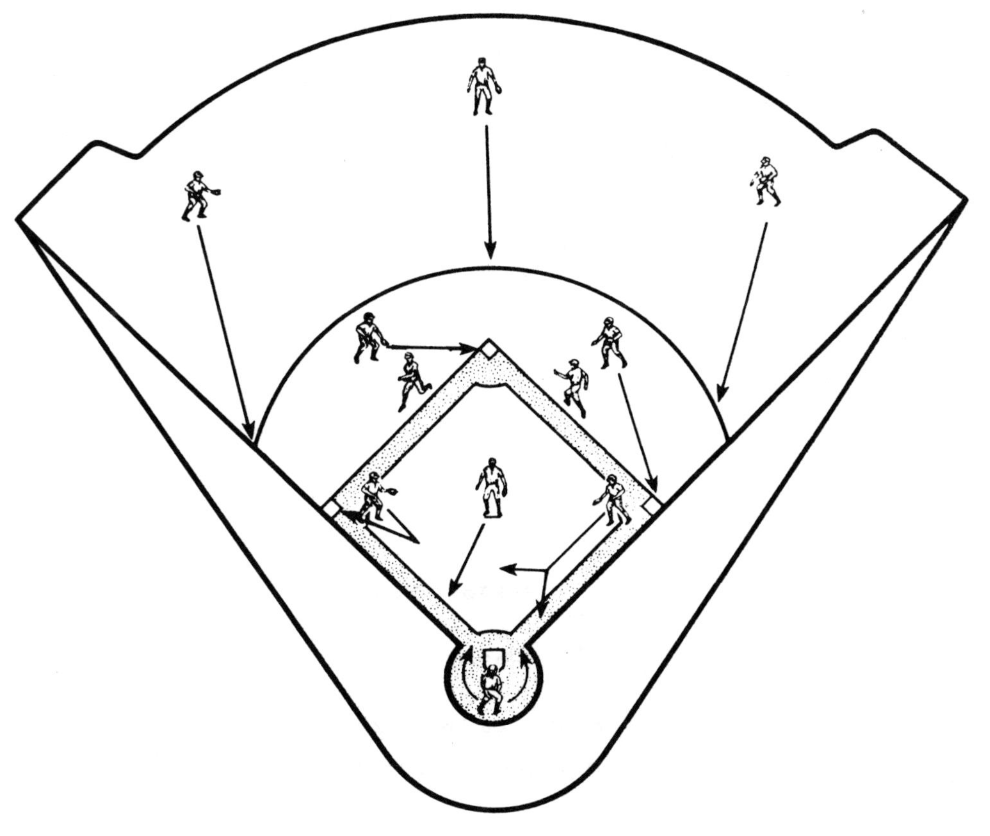

번트 상황 2

〈번트 상황 3〉

주자 1, 2 루에 있을 경우 3루 주자를 잡기 위한 플레이

투수 : 1루 지역을 수비한다.

포수 : 홈 플레이트 주변의 번트 타구를 수비한다. 콜(call) 플레이를 한다.

1루수 : 1루를 지킨다.

2루수 : 2루를 지킨다.

유격수 : 2루주자를 견제하기 위해 2루로 달려들어가는 척 하다 3루 베이스를 지키러 달려간다.

3루수 : 홈 플레이트로 달려간다.

외야수 : 내야 지역으로 이동한다.

BUNT SITUATION 3

3B CHARGE PLAY

Runners on 1B and 2B,
Bunt situation in order.

PITCHER: Cover 1B side.

CATCHER: Field bunts in front of plate or *call the play*.

FIRST BASEMAN: Cover 1B.

SECOND BASEMAN: Cover 2B.

SHORTSTOP: Bluff runner back to 2B then race to cover 3B.

THIRD BASEMAN: Charge toward the plate.

OUTFIELDERS: Move in toward infield area on *all* bunt situations.

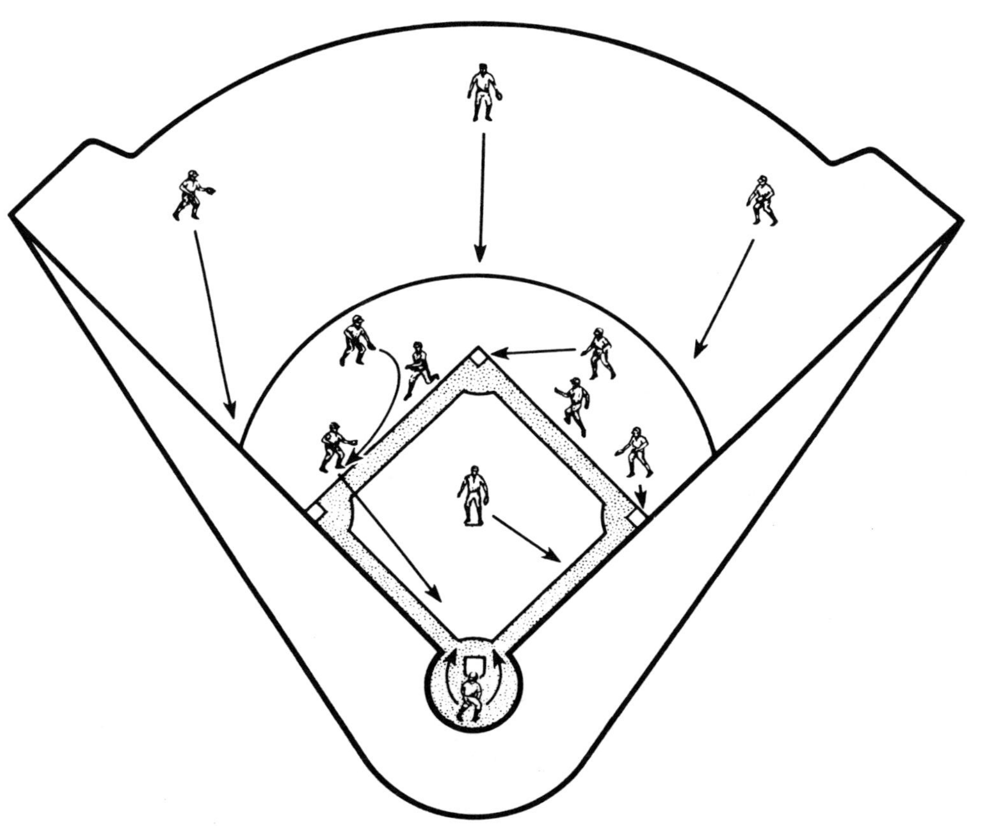

번트 상황 3

야구 용어 해설

야구 용어 해설

(ii)(ii)(ii)(ii) **7** (ii)(ii)(ii)(ii)(ii)(ii)(ii)(ii)(ii)(ii)(ii)(ii)(ii)(ii)(ii)(ii)(ii)(ii)(ii)(ii)(ii)

- **게임(game)** … 운동경기. 시합.
- **게임 세트(game set)** … 경기 종료를 뜻함. 미국에서는 game over.
- **게임 차(game behind)** … 각 팀 사이의 성적 격차를 보는 기준의 하나. 산출 방법은 {(상위 팀의 이긴 수−하위 팀의 이긴 수)+(하위 팀의 패한 수−상위 팀의 패한 수)}÷2로 나타냄.
- **겟 투(get two)** … 병살(倂殺). 둘을 잡음.
- **견제구(牽制球)** … 주자의 도루를 막기 위해서, 또는 베이스에서 떨어져 있는 주자를 잡으려고 투수나 포수가 누수에게 던지는 공.
- **경원(敬遠)** … 투수가 고의로 사구를 던져 타자를 1루로 보냄.
- **경원사구(敬遠四球, intentional)** … 강타자에게 얻어맞지 않으려고 일부러 스트라이크를 피해 포 볼(four ball)을 만들어 1루에 걸려보내는 것. 1901년 필라델피아 어틀레틱스의 강타자 나폴레옹 라죠이가 만루에서 1루로 걸려보내진 것이 시초라고 함.
- **계약 교섭권** … 그 구단만 특정 선수에 대해 입단을 권유할 수 있는 권리. 이 교섭에서 선수는 거절할 수 있으나 그런 경우는 1년간 다른 구단에 입단할 수 없도록 규정하고 있다.
- **고의낙구(故意落球)** … 무사 또는 1사에서 주자 1루, 1·2루, 1·3루 또는 만루일 때 내야수가 페어의 직구나 비구를 고의로 떨어뜨린 경우에 타자는 아웃이라는 것. 본래 이 규칙이 플라이나 라이너를 한 번 글러브에 넣고서 의식적으로 떨어뜨리고 병살을 꾀하는 트릭 플레이를 막기 위한 것이므로 고의 낙구가 거의 생기지 않는 외야 비구를 빼고 실제 손해를 보는 내야 비구에만 적용시킨 것. 또 고의 낙구일 때 주자는 원래의 베이스에 다시 터치하지 않더라도 아웃의 위험을 무릅쓰고 진루할 수 있었다가 볼 데드가 되어 진루할 수 없다로 바뀌었음. 인 필드 플라이가 선고된 경우는 그것이 우선함.
- **구심(球審)** … 포수 뒤에서 볼이나 스트라이크 등의 판정이나 시합의 진행을 담당하는 심판. 주심. 볼 엄파이어(ball umpire).
- **구원 투수(relief picher)** … 먼저 던지기 시작한 투수가 상대 타자들에게 계속 안타를 맞거나 위기에 몰렸을 때 그 위기를 넘기기 위하여 등판하는 투수.

● 구즈 에그(goose egg) … 득점이 한 점도 없음.

● 굿바이 히트(goo-bye hit) … 마지막 말에 경기의 승패를 결정짓는 득점 안타. 그것이 홈런일 때는 굿바이 홈런(good-bye homerun).

● 규정 타석(規定打席) … 리그전이나 대회의 개인 타격의 성적을 작성할 때 유자격자를 결정하기 위해 규정한 최소 타석수. 팀 시합 수의 3.1배의 타석수를 일반 룰로 정함.

● 그라운드 볼(ground ball) … 땅 위로 굴러가는 타구. 땅볼. 포구(葡球)

● 그라운드 홈런(ground homerun) … 펜스를 넘기지 못한 타구를 처리하지 못하는 동안 타자가 베이스를 돌아 홈인하는 홈런. 러닝 홈런(running homerun).

● 그래스 라인(grass line) … 경기장 안의 잔디 경계선.

● 그랜드 슬램(grand slam) … 주자가 만루일 때 홈런을 치는 것. 만루 홈런.

● 그립(grip) … 쥐는 것 또는 쥐는 방법. 배트를 잡는 법을 일컫는 경우도 있고 미트나 글러브로 볼을 잡는 법에도 쓰임.

● 글러브(glove) … 경기할 때 손에 끼는 가죽으로 만든 장갑.

● 기습 번트(bunt) … 타자가 베이스에 나가기 위해 허술한 수비벽을 뚫고 갑자기 하는 번트.

ㄴ

● 나이트 게임(night game) … 야광등을 켜고 진행하는 야간 경기. 1909년 미국의 신시내티 레드 구장에서 시험적으로 행한 것이 최초로 1930년 마이너 리그에서 공식적으로 행했음.

● 나인(nine) … 아홉 명이 한 팀을 구성하기 때문에 불리는 주전 선수의 다른 별명.

● 낫 아웃(not out) … 세 번째 스트라이크를 포수가 받지 못했을 때 스트라이크 아웃으로 인정하지 않는 규칙. 타자는 공을 친 것으로 간주되어서 야수가 수비하기 전에 1루에 닿으면 살게 됨. 단 노 아웃이나 원 아웃일 때 또는 1루를 포함한 주자가 있을 때는 해당되지 않음.

● 내셔널 리그(national league) … 미국 프로야구 연맹의 하나로 1876년에 8개 구단으로 창단하였으며 현재는 동서 지구 각 6개 도합 12개 구단이 있음.

세인트 루이스 커디널즈, 피츠버그 파이레츠, 필라델피아 필리즈, 시카고 커프스, 뉴욕 메츠, 몬트리올 엑스포스(이상 동부 지구), 신시내티 레즈, 휴스턴 아스트로즈, 로스앤젤레스 도저스, 아틀랜타 브레어보스, 샌프란시스코 자이언트, 샌디에고 파드레스 (이상 서부 지구). 아메리칸 리그와 함께 메이저 리그를 이룸.

● 내셔널 베이스볼 콩그레스(national baseball congress) … 1930년에 설립한 아마추어 야구 통제 기관인 미국 야구협회.

● 내야(內野) … 본루, 1루, 2루, 3루를 연결한 선의 구역 안. 인 필드(infield).

● 내야수(內野手) … 내야를 맡아 지키는 1루수, 2루수, 3루수, 유격수의 총칭. 인 필더(infielder).

● 내야 안타(內野 安打) … 타자가 친 공이 내야에 떨어졌으나 주자가 아웃되지 않은 안타. 내야 히트(infield hit).

● 내추럴 커브(natural curve) … 투수가 던진 공이 자연스럽게 커브가 되어 들어가는 공.

● 너클 볼(knuckle ball) … 손가락을 공의 겉면에 세워서 던지는 변화구로 공이 회전을 하지 않으며 타자 앞에서 급히 낙하함. 1922년 필라델피아 어틀레틱스의 투수 에디 론멜이 발명한 것으로 집게와 가운데손가락을 꺾어서 볼을 쥐고 손가락 끝으로 던져 회전을 가하지 않는 투구. 또는 집게와 가운데손가락의 둘째 마디로 볼을 받치고 손목을 놀려 손가락을 뻗으면서 낮게 던지는 투구.

● 넥스트 배터스 복스(next batter's box) … 다음 타자가 기다리는 곳. 웨이팅 서클(waiting circle).

● 노 게임(no game) … 5회가 끝나기 전에 중지됨으로 해서 무효가 된 경기. 이 경우 개인의 공수 성적도 인정되지 않음.

● 노 스텝(no step) … 투수가 공을 던질 때 발을 앞으로 내딛지 않은 경우.

● 노 카운트(no count) … 볼이나 스트라이크로 간주하지 않는 공. 투 스트라이크 이후의 파울 볼은 카운트하지 않음.

● 노 타임(no time) … 일시적으로 중단되었던 경기가 재개될 때 심판이 선언하는 말.

● 노 터치(no touch) … 수비 선수가 주자나 베이스를 터치하지 못하는 경우나 주자가 베이스를 밟지 않고 다음 베이스로 달리는 것.

● 노 플레이(no play) … 시합이 정지된 상태에서 행해진 플레이.

- 노 히트 노 런(no hit no run) ··· 투수가 9회말까지 상대방을 무안타 무득점으로 이긴 게임. 퍼펙트 게임과 더불어 투수의 빛나는 기록 중의 하나.
- 노 히트 플링잉(no hit flinging) ··· 안타를 주지 않는 투구.
- 녹커(knocker) ··· 수비 연습을 위해 야수에게 공을 쳐주는 사람으로 코치나 감독이 함.
- 녹크(knock) ··· 수비 연습을 위해 야수에게 공을 쳐서 보내는 일.
- 녹크 배트(knock bat) ··· 포구 연습에 사용하는 가늘고 가벼운 배트.
- 녹크 아웃(knock out) ··· 공격측이 상대 투수를 난타하여 교체시키는 것.
- 누심(壘審) ··· 각 누와 옆에서 심판일을 맡아보며 구심을 보좌하는 사람. 베이스 엄파이어(base umpire).
- 누타수(total bases) ··· 때린 안타 중 단타를 1로, 2루타를 2로, 3루타를 3으로 홈런타를 4로써 합산한 총계.
- 뉴 레이팅(new rating) ··· 신타율(新打率) 또는 신타율 계산법으로 안타수만을 계산하던 것을 차점·득점·누타수 등을 합쳐 계산하는 새로운 타율 계산법. 이것은 장타자가 찬스에 강한 타자에게 불리하기 때문에 생긴 방식임.
- 니어 볼(near ball) ··· 투수가 타자의 몸 쪽 가까이 던지는 공이나 강타자나 호타자를 견제하기 위해 타자 깊숙이 투구하는 공.

- 다운 스윙(down swing) ··· 수평 타법으로 배트를 들어올리지 않고 두들기듯이 휘두르는 배팅으로 땅볼이 되기 쉬움.
- 다이렉트(direct) ··· 일직선에 가까운 타구로 야수나 관람석 또는 백 네트로 간 공.
- 다이빙 캐치(diving catch) ··· 낮게 떨어지는 안타성의 공을 수비자가 다이빙하듯이 몸을 날려서 잡아내는 동작.
- 다이아몬드(diamond) ··· 내야의 별칭. 정방향의 경기장. 한복판에 투수가 높이 자리잡고 있기 때문에 내야 전체가 다이아몬드처럼 보인다고 해서 생긴 말.
- 다크 호스(dark horse) ··· 실력이 감추어져 뜻밖의 변수로 작용할 가능성이 있는 선수나 후보자.

- **단타(單打)** … 타자 주자가 1루를 얻는 안타. 싱글 히트(single hit).
- **대(大) 리거** … 미국 프로야구 즉 내셔널 리그와 아메리칸 리그에 소속된 팀에 적을 두고 있는 선수나 전에 그런 리그에서 플레이를 한 경험이 있는 선수의 총칭.
- **대 리그(League)** … 미국 2대 프로야구 리그로 아메리칸 리그와 내셔널 리그를 합쳐 이르는 말로 메이저 리그 (major league)라고도 함.
- **대 리그 변화볼** … 변화구 때리기 전용의 연습용 볼로 보통 경구(硬球)와 같은 크기, 무게이나 전체 10분의 1정도를 잘라내어서 완전히 둥근 모양이 아님. 던질 때 손목을 비틀 필요가 없어서 누구나 자유자재로 던질 수 있으며 평면 부분에는 배트가 절대로 맞지 않음.
- **대시(dash)** … 상대 진영이나 선수에게 공격해 들어가는 것. 돌진.
- **더그아웃(dugout)** … 선수 대기석. 1루와 3루 쪽에 있는데 평지를 파서 만듦. 벤치(bench).
- **더블 스틸(double steal)** … 두 사람의 주자가 동시에 도루하는 일. 이중 도루.
- **더블 엘리미네이션 시스템(double elimination system)** … 패자 부활 제도. 토너먼트 경기에서 패퇴한 사람이나 팀에게 다시 한 번 참가할 기회를 주는 것.
- **더블 플레이(double play)** … 수비측이 한꺼번에 두 사람의 주자를 아웃시키는 일. 병살. 중살(重殺). 겟 투(get two)라고도 함. 두 개의 아웃 사이에 에러가 있을 때는 더블 플레이라고 하지 않음. 포스 아웃이 연속된 것을 포스 더블 플레이, 두 번째 아웃이 포스 아웃이 될 주자가 다음 베이스에 닿기 전에 터치 아웃된 것을 리버스 포스 더블 플레이라고 함.
- **더블 헤더(double header)** … 같은 날 같은 팀이 같은 구장에서 두 번 계속해서 경기하는 일. 다른 팀과의 경기는 더블 헤더라고 하지 않음.
- **더스터(duster)** … 머리나 턱을 노리고 던지는 공. 빈 볼(bean ball). 보통 타자를 타자석에서 멀리 떨어지게 하거나 타자에게 공포를 느끼게 하는 효과를 노리려고 던지는데 규칙에는 금지되어 있는 불법적인 투구법.
- **데드 볼(dead ball)** … 사구(死球). 투수가 던진 볼이 타자에 맞는 경우를 일컬음. 정식 용어는 히트 바이 피치(hit by pitch)임. 야구 규칙에는 플레이가 일시 정지되었기 때문에 플레이에서 벗어난 볼로서 보크인 경우, 파울이 야수에 직접 잡히지 않은 경우 등이 포함됨.

- 데이 게임(day game) … 주간 시합. 야간 시합(night game)에 대칭되는 말.
- 데이라이트 플레이(daylight play) … 2루 주자가 있을 때 유격수는 닿을 듯 말 듯한 모양으로 주자의 후방에서 견제를 행하는데 주자보다 유격수가 2루에 가까이 했을 때는 주자와 유격수 사이에 간격이 생겨 이 틈을 이용해 주자를 아웃시킬 수 있으므로 이 간격을 만들어 견제구의 신호를 행하는 것.
- 데지네이티드 히터(designated hitter) … 지명 타자.
- 도루(盜壘) … 주자가 수비의 허술한 틈을 타서 다음 누로 가는 일. 스틸(steal).
- 드래그 번트(drag bunt) … 타자가 살려는 번트로 왼손잡이 타자는 1루 쪽으로, 오른손잡이 타자는 3루 쪽으로 끌어서 굴리는 것.
   배트를 밀어내듯이 하여 가볍게 공에 맞춰 투수 쪽으로 가게 한 후 전력으로 1루로 달림.
- 드래그 히트(drag hit) … 배트를 밀어내어 가볍게 맞추어 기습적으로 안타를 노리는 타법. 푸시 히트(push hit)라고도 함.
- 드래프트제(draft system) … 프로 야구의 신인 선수 쟁탈의 폐해를 막기 위해 미국의 프리 에이젠트 드래프트제를 본딴 제도. 신인 선수를 한데 묶어놓고 팀의 대표들로 선발 회의를 구성하여 일괄적으로 교섭하는 방법.
- 드론 게임(drawn game) … 무승부로 끝나는 시합.
- 드롭(drop) … 변화구의 일종으로 타자 앞에서 갑자기 밑으로 뚝 떨어지는 공.
- 득점(得點) … 공격측의 선수가 1루를 돌아 본루로 들어오면 1점이 가산되는 것.
- 등 번호(back number) … 다른 스포츠에서 힌트를 얻어 선수 이름을 관중에게 알리기 위해 유니폼 등에 자신의 고유 번호를 붙인 것. 미국에서는 유니폼 넘버(uniform number)라고 부름.
- 디펜스(defence) … 수비 팀이나 수비수.
- 딜레이드 더블 스틸(delayed double steal) … 주자가 1·3루에 있을 때 1루 주자는 포수가 투수에게 송구하려는 순간 출발하며 이때 포수가 2루에 송구하면 1루 주자는 2루 앞에 멈춰 야수의 태그를 늦추고 이때 3루 주자가 홈인한 뒤 태그 아웃을 당하는 변형 이중 도루.
- 딜레이드 스틸(delayed steal) … 보통의 도루와 다른 형태로 포수가 공을 받아 투수에게 보내려 할 때나 포수가 주자를 견제했을 때 역으로 주자가 다음

베이스로 도루를 꾀하는 플레이. 일반적인 스타일은 투수의 허를 노리는데, 여기서는 흔히 포수의 허를 노리는 점에 특색이 있음.

- **땅볼(ground ball)** … 땅 위를 굴러가는 타구나 낮게 바운드 되어서 굴러가는 공.

- **라스트 이닝(last inning)** … 마지막 회.
- **라이너(liner)** … 타구가 거의 지면과 평행으로 곧게 날아가는 것.
- **라이트(right)** … 우익수. 외야의 오른쪽을 수비하는 외야수로 라이트 필더(right fielder)라고도 함.
- **라인(line)** … 경기장의 경계를 나타내기 위해 긋는 선.
- **라인 드라이브(line drive)** … 볼이 그라운드에 닿지 않고 날카롭게 직선적으로 야수에게 날아가는 타구. 라이너(liner). 직구.
- **라인 아웃(line out)** … 주자가 베이스와 베이스 사이를 달리고 있을 때 야수의 촉구를 피하려고 베이스 사이의 선에서 3피트 이상 바깥으로 나가서 달린 경우로 이때는 아웃이 됨.
- **라인 업(line up)** … 공격 팀 타자들의 타격 순서 또는 위치. 배팅 오더(batting order).
- **랑데부 홈런(rendez-vous homerun)** … 두 타자가 한 게임에서 연속 홈런을 치는 경우.
- **러너(runner)** … 주자(走者).
- **러닝 스로(running throw)** … 달리면서 동시에 공을 송구하는 일.
- **러닝 캐치(running catch)** … 달리면서 공을 잡아내는 일.
- **러닝 호머(running homer)** … 친 공이 외야 펜스를 넘지는 않았으나 야수가 공을 좇고 있는 사이에 타자가 베이스를 돌아 홈인하는 홈런.
- **러키 세븐(lucky seven)** … 주로 7회에 다른 회보다 점수가 많이 난다고 하여 붙은 이름. 경기가 7회쯤 진행되면 투수가 피로해져 약점을 드러내므로 득점을 올라는 기회가 많이 생긴다는 뜻에서 온 말.
- **러키 존(lucky zone)** … 본루에서 거리가 가장 넓은 외야의 좌우 펜스 바로 뒤쪽 지역으로 홈런이 되기 쉽다는 뜻에서 유래. 이와 반대로 외야의 좌우 양

익이 짧은 그라운드에서는 홈런이 나오기 쉬우므로 펜스 위에 철망을 높이 쳐서 난발을 방지하기도 함.

● 런(run) … 득점.

● 런 다운(run down) … 누와 누 사이에서 주자를 아웃시키려는 수비측의 행위.

● 런스 배티드 인(runs batted in) … 타격점. 타점. 득점타. 다음에 드는 행위에 의해 득점을 올린 주자에 하나씩 주어짐. ①안타(홈런타 포함) ②희생타(번트 플라이) ③내야의 아웃 및 야수 선택 ④타자가 주자가 되어 밀어내어진 득점 ⑤2사 이전에 타자가 친 볼을 선수가 실책해서 3루 주자가 생환된 경우나 이런 실책이 없더라도 그 주자는 득점이 되었으리라 인정되는 경우.

● 레귤러 스로(regular throw) … 손을 위로 해서 내리던지는 오버 스로.

● 레귤러 플레이어(regular player) … 후보 선수가 아닌 정식 선수.

● 레벨 스윙(level swing) … 타격법의 일종으로 수평으로 하는 스윙.

● 레프트(left) … 좌익수. 레프트 필더(left fielder).

● 레프트 온 베이스(left on base) … 세 명의 아웃으로 교대할 때 남은 주자. 잔루(殘壘).

● 레프트 핸더(left hander) … 왼손잡이.

● 렉 가드(leg guard) … 포수가 정강이를 보호하기 위해서 무릎에 대는 기구.

● 로드 게임(road game) … 상대편 팀의 본거지에 가서 행하는 시합. 통상의 경우 프로 야구는 전공식 시합의 반을 홈 그라운드에서 하고, 나머지 반은 로드 게임으로 행하게 되어 있음.

● 로우 볼(low ball) … 투수가 낮게 던지는 공.

● 로진 백(rosin bag) … 타자나 투수가 손이 미끄럽지 않도록 쓰는 송진 가루를 넣어 만든 작은 주머니. 투수는 이 로진 백으로 손에 로진을 발라도 좋지만 타자나 다른 선수가 볼은 물론 글러브나 유니폼에 로진을 뿌리는 것은 룰로 금지되어 있음.

● 로테이션(rotation) … 순환하는 투수의 기용 순서. 이것으로 감독이 투수의 운영법을 정함. 투수를 선발과 릴리프로 나눠 각 투수의 체력에 맞춰 휴양을 위한 기간을 3일 간격이나 4일 간격으로 분류하여 스케줄에 따라 각 투수의 담당 등판을 결정함.

● 록킹 모션(rocking motion) … 투수가 투구 준비 동작으로서 팔과 몸을 앞뒤로 흔드는 동작을 말하는데 이것을 많이 되풀이하면 반칙 투구가 될 경우도

있음.
- 롱 드라이브(long drive)··· 회전없이 먼 거리로 날으는 타구.
- 롱 스윙(long swing)··· 배트를 길게 쥐고 장타(長打)를 노리는 타법.
- 롱 페그(long pag)··· 포수가 견제를 목적으로 하여서 직접 2루로 던지는 송구.
- 롱 히트(long hit)··· 2루 이상 베이스로 나갈 수 있는 장타성 안타.
- 루징 피처(losing pitcher)··· 자기 팀이 진 경기에서 등판한 투수. 패전 투수. 투구 회수에 관계없이 처음부터 계속 던지면 최초에 득점을 뺏긴 투수, 중도에서 동점이 되면 그 이후의 승부의 경과에서 패전을 가져온 투수가 루징 피처가 됨.
- 루키(rookie)··· 팀에 새로 입단한 신인. 신병이라는 뜻의 리크루트(recruit)가 어원.
- 룰(rule)··· 경기 규칙.
- 리그(league)··· 두 가지 의미가 있는데 어떤 팀이 가장 우수한지를 가리기 위해 서로 경기를 벌이는 경우와 가입한 몇 팀이 돌려가면서 골고루 경기를 하는 뜻이 있음.
- 리그 프레지던트(league president)··· 리그의 회장. 규칙을 시행하고 논쟁을 해결하고 제소 게임의 재정을 정해야 함.
- 리드(lead)··· 상대 팀을 점수면에서 앞서는 경우와 주자가 도루하려고 베이스에서 떨어지는 것.
- 리드 오프 맨(lead off man)··· 타순표에 따른 1번 타자로 선구안이 빠르고 타격이 정확한 선수가 기용됨.
- 리딩 히터(leading hitter)··· 시즌을 통해 그 리그에서 가장 타격율이 높은 타자. 수위 타자(首位打者).
- 리버스 포스 더블 플레이(reverse force double play)··· 우선 1루에서 주자를 아웃시키고 다음 누에 가는 주자를 태그 아웃시키는 병살.
- 리터치(retouch)··· 주자가 규칙에 따라서 한 번 밟은 베이스를 다시 밟는 행위.
- 리틀 리그(little league)··· 9세에서 12세까지 출전할 수 있는 소년 야구 리그. 1939년에 미국에서 만든 리그로 본부는 미국 펜실베니아 주 윌리엄스 포트에 두고 세계 선수권 대회를 행함. 6회제로 경구를 사용함.
- 릴레이(realy)··· 외야로부터 송구할 때 도중에 이것을 중계하여 송구를 도와

주는 것.
- **릴리프 피처(relief pitcher)** … 투수가 지치거나 난타를 당해서 속구가 불가능한 경우에 교체하는 투수. 구원 투수.

- **마스코트(mascot)** … 팀에게 행운과 승리를 가져다 준다고 믿어서 상징화시킨 작은 완구나 동물.
- **마스크(mask)** … 포수나 주심이 얼굴을 보호하기 위해 쓰는 방어용 기구.
- **마운드(mound)** … 투수가 공을 던질 때 서는 약간 높은 곳으로 중앙에 투구판이 있음. 힐(hill)이라고도 하고 중심판을 피처스 플레이트(pitcher's plate)라고 함.
- **마운틴 플라이 볼(mountain fly ball)** … 높이 뜬 타구.
- **마이너 리그(minor league)** … 미국 프로 야구의 소(小) 리그를 일컬음. 그 강약에 따라 AAA′ AA′ A′ 루키의 4단계로 나뉘어 내셔널 어소시에이션의 산하에 포함되어 있음.
- **만루(滿壘)** … 1·2·3루 모두에 주자가 있는 상태. 풀 베이스(full base).
- **만루 호머(滿壘 homer)** … 풀 베이스 상태에서 홈런을 치는 경우. 그랜드 슬램(grand slam).
- **매니저(manager)** … 미국에서는 감독을 뜻하는데 팀의 일체의 일을 돌보는 사람의 뜻도 있음.
- **매직 볼(magic ball)** … 투수의 볼이 뛰어나서 타자들이 손을 못 대는 경우를 일컬어 하는 말. 마구.
- **매티스 시스템(Matty's system)** … 다음 타자로부터 범타를 이끌어 내어 더블 플레이를 시도하거나 수비를 쉽게 하기 위해 고의로 만루를 만드는 수비 작전.
- **머드 볼(mud ball)** … 진흙 묻은 공.
- **머프(muff)** … 날아오른 공을 받지 못하는 것. 펌블(fumble).
- **메이저 리그(major league)** … 미국 프로 야구의 최상위 리그. 내셔널 리그와 아메리칸 리그로 나뉘어 양 리그는 각기 12팀으로 구성되어 있음.
- **모션(motion)** … 선수가 움직이는 동작이나 형태.

- **모션 피칭(motion pitching)** … 부정 투구가 되지 않는 한도 내에서 동작으로 타자를 혼란시키기 위한 투수의 투구 동작.
- **몰수 경기(沒收競技)** … 선수 부족, 경기 거부 등의 원인으로 시합을 진행할 수 없을 때 심판에 의해 과실이 없는 팀에 승리가 선고되는 경기.
- **무거운 공** … 야구 해설자가 흔히 무거운 공이라든가 가벼운 공이라는 말을 쓰는데 과학적으로 아직 해명되지 않고 있는 말. 손가락 끝의 힘이 잘 들은 볼은 회전이 빨라 가벼운 공 같은 느낌이 들며 중량이 있는 투수가 전신을 이용해 던지는 공은 회전이 비교적 적고 빠르므로 무거운 공이라는 느낌을 줌. 속도가 같고 공의 회전이 다소 다른 것만으로 무겁다든가 가볍다는 현상이 나올 수 있느냐에 의문점이 많음.
- **미라클 캐치(miracle catch)** … 야수가 안타성의 어려운 타구를 잘 잡아냈을 경우.
- **미스저지(missjudge)** … 심판이 잘못 내린 판정이나 야수가 잘못 판단해서 공을 잡아내지 못한 경우.
- **미트(meet)** … 타자가 투구의 구질에 따라 배트를 공에 맞추는 일.
- **미트(mitt)** … 포수가 1루수가 끼는 엄지손가락만 떨어져 있는 글러브.
- **미트 핸드(meet hand)** … 글러브를 착용하지 않은 맨 손.
- **믹스(mix)** … 투수가 공을 여러 가지 구질로 섞어서 던지는 일.

ㅂ

- **바운드 볼(bound ball)** … 송구, 투구, 타구 등이 지면이나 다른 것에 닿고 튀는 공.
- **바이크(vike)** … 포수의 급소를 보호하기 위해 경금속으로 만든 기구.
- **반칙 타구(反則打球)** … 규정 외의 배트로 치거나 배터스 복스에서 한 발이나 양 발을 완전히 내보내고서 친 타구.
- **방어율(earned run average)** … 투수가 상대 팀의 공격을 방어한 비율. 투수의 자책점의 합계를 투구 회수로 나눈 것에 9를 곱한 숫자. 회수의 3분의 2회는 끝자리 수를 1로 올리고 3분의 1회는 버림. 숫자가 낮을수록 좋은 투수임을 나타냄.
- **방해(妨害)** … 상대에게 해를 끼치는 행위. 인터피어(interfere).

● 배거(bagger) … 누타(壘打). 2루타는 투 배거, 3루타는 스리 배거. 1루타는 배거라고 부르지 않음.

● 배터(batter) … 배터스 복스에서 공격하는 선수.

● 배터 러너(batter runner) … 타격을 마친 타자가 아웃될 때까지나 주자가 된 것에 대한 경기가 종료될 때까지의 사이를 일컬음.

● 배터리(battery) … 투수와 포수를 통틀어 일컫는 말. 전신의 송신자와 수신자가 배터리(전지)로 이어져 있는 뜻에서 생긴 용어.

● 배터리 에러(battery error) … 배터리의 잘못으로 타자를 한 누로 진출시킨 경우.

● 배터리 콤비네이션(battery combination) … 투수와 포수가 손발이 잘 맞는 정도.

● 배터 업(batter up) … 타자에게 즉시 타석에 서도록 촉구하는 심판 용어.

● 배터 인 더 홀(batter in the hole) … 볼 카운트 2-0, 2-1처럼 타자에게 불리한 상태.

● 배터스 라인(batter's line) … 타석을 표시한 선.

● 배터스 복스(batter's box) … 타자가 타격을 하기 위해 들어서는 곳. 본루 좌우에 흰 선으로 그려진 나비 4피트(1.22m), 길이 6피트(1.82m)의 장방형 테두리의 안을 말함. 타석(打席).

● 배터 칸 히터(batter cop hitter) … 투구한 볼이 자기 몸에 닿을까봐 겁내는 타자.

● 배트(batt) … 타자가 투구할 때 사용하는 방망이.

● 배팅(batting) … 타자가 투구된 볼을 배트로 치는 것.

● 배팅 애버리지(batting average) … 타수와 안타의 비율. 포 볼과 희생타 방해 등은 타수로 계산하지 않음.

● 배팅 아이(batting eye) … 타자가 투구 코스나 구질을 분별할 수 있는 능력과 센스. 선구안(選球眼).

● 배팅 오더(batting order) … 공격할 때 치는 순서. 라인 업(line up). 타격순. 타순.

● 배팅 찬스(batting chance) … 타자가 스윙을 해도 기회가 또 있기 때문에 마음놓고 배트를 휘두를 수 있는 볼 카운트.

● 배팅 케이지(batting cage) … 돈을 받고 타격 연습을 하는 장소. 손님은 피칭 머신을 이용하여 네트 안에서 요금만큼의 공을 침.

● 백 그린(back green) … 타자에게 공이 잘 보이도록 하기 위해 센터 뒤쪽에 설치한 푸른빛의 담.

● 백 네트(back net) … 홈 플레이트 뒤의 공을 막는 철망 그물.

● 백 스윙(back swing) … 타자가 볼을 칠 때 배트를 뒤쪽으로 끌어당겨 흔들어 올리는 동작. 투수의 경우는 투구 동작의 개시에 있어서 허리, 몸통, 어깨, 등을 뒤쪽으로 당기는 것.

● 백 스톱(back stop) … 본루 뒤의 백 네트.

● 백 업(back up) … 어떤 야수가 폭투나 실책에 대비하여 직접 볼을 받고 있는 수비 선수의 뒤쪽으로 돌아가 이중 수비 태세를 갖추는 일. 받쳐주기.

● 백 핸드 캐치(back hand catch) … 글러브를 낀 손의 반대쪽에 오는 공을 손만 그 방향으로 향하여 포구하는 일. 역 싱글.

● 백 홈(back home) … 주자가 본루로 귀환해서 득점하는 것을 막기 위해 야수가 타구를 본루로 송구하는 일이나 주자가 홈으로 들어오는 것.

● 버스트 업(bust up) … 투수가 타자에게 눌려 곤경에 빠지는 경우.

● 번트(bunt) … 타자가 공이 가까운 거리에 떨어지도록 배트를 공에 가볍게 대는 일. 연타(軟打).

● 번트 앤드 런(bunt and run) … 번트하고 주자의 진루를 돕는 작전. 1루 주자는 투구와 동시에 2루로 스타트를 함. 이 경우 3루선에 번트를 하는 것이 좋으며 타자에 유리한 카운트일 때 행함. 미리 타자와 주자가 짜고 타자는 반드시 번트하는 공격법.

● 범타(凡打) … 안타가 되지 못한 평범한 타격.

● 베스트 나인(best nine) … 아홉 명의 실력이 우수한 선수.

● 베스트 텐(best ten) … 리그에 소속된 여러 팀 가운데서 가장 우수한 열 명의 선수.

● 베스트 피칭(best pitching) … 투구를 가장 잘 하는 상태.

● 베이스(base) … 내야의 네 귀퉁이에 있는 방석같이 생긴 물건.

● 베이스 라인(base line) … 베이스와 베이스를 연결하는 선.

● 베이스 러닝(base running) … 주자가 베이스 사이를 달리는 일.

● 베이스 맨(base man) … 베이스를 지키는 1·2·3루수의 총칭.

● 베이스 스틸(base steal) … 베이스를 훔쳐서 진루하는 일.

● 베이스 엄파이어(base umpire) … 누심(壘審).

● 베이스 온 볼(base on ball) … 타자가 포 볼(four ball)로 1루에 나가는 일.

- 베이스 커버(base cover) … 베이스가 비어 있을 때 다른 야수가 대신 맡는 일.
- 베이스 코치(base coach) … 1루나 3루의 코처스 복스(coacher's box)내에 위치하여 타자나 주자를 지휘하는 사람.
- 베이스 히트(base hit) … 안타.
- 베이스 히트 번트(base hit bunt) … 번트 타법의 하나로 타자가 수비측의 허점을 찔러 행하여 1루로 살아나가는 것. 이 번트를 할 때는 투수의 손에서 투구가 떨어질 때까지 시늉을 해선 안 되며 타자의 발이 빨라야 하는 것이 필수임. 희생 번트와는 정반대의 개념.
- 벤치(bench) … 선수나 감독들이 앉는 자리. 더그아웃(dugout).
- 벤치 워머(bench warmer) … 대기 중인 후보 선수를 이르는 말.
- 벤치 코치(bench coach) … 벤치에 앉아서 선수들에게 작전 지시를 하는 사람.
- 변화구(變化球) … 타이밍을 교란시키기 위해 공의 진행방향에 변화를 주는 투구 기법.
- 병살(併殺) … 두 사람의 주자를 한꺼번에 아웃시키는 일. 겟 투(get two). 더블 플레이(double play).
- 보내기 번트(bunt) … 누상의 주자를 전진시키기 위한 번트. 희생 번트.
- 보디 스윙(body swing) … 투수나 타자가 투구와 타격을 위한 컨디션을 조절하기 위해 하는 예비 운동.
- 보살(補殺) … 야수가 잡은 공을 어느 누수에게 보내어 주자를 아웃시키는 일을 돕는 일. 어시스트(assist).
- 보크(balk) … 주자가 있을 때 투수가 규칙에 어긋난 투구 동작을 취하는 경우로 이런 경우 주자는 1루씩 자동 진루함. 주자가 없을 경우에 일리걸 피치(illegal pitch)를 하면 투구는 볼로 셈함.
- 복스 시트(box seat) … 네트 위의 관람석.
- 본루(本壘) … 홈 베이스(home base). 홈 플레이트(home plate).
- 본루타(本壘打) … 홈런.
- 본 플레이(bone play) … 판단을 잘 하지 못해서 서투르게 치른 경기.
- 본 헤드 플레이(bone head play) … 머리 쓰는 일이 둔한 플레이. 1898년 필립스의 감독이었던 조지 스토링스가 그의 팀의 나쁜 플레이를 이렇게 말한 데서 시작되었음.

- 볼(ball) … 공 또는 스트라이크가 아닌 투구.
- 볼 낫 인 플레이(ball not in play) … 경기 정지구.
- 볼 데드(ball dead) … 경기 정지구.
- 볼 인 플레이(ball in play) … 경기가 속행되고 있는 상태.
- 볼 카운트(ball count) … 한 타자에게 투수가 던진 공의 스트라이크와 볼의 수.
- 볼 컨트롤(ball control) … 마음먹은 대로 공을 던질 수 있는 능력이나 상태.
- 볼티모어 촙(Baltimore chop) … 본루에서 가까운 그라운드에 때려 눕히 듯이 배트를 휘두르고 높은 바운드의 땅볼을 굴리는 타법.
- 봉살(封殺) … 타자가 주자가 되었기 때문에 진루의 의무가 생긴 주자가 다음 베이스에 닿기 전에 주자 또는 그 베이스에 닿아서 죽는 경우. 포스 아웃(force out).
- 부정위 타자(不定位 打者) … 타격 순번이 아닌 타자.
- 불펜(bullpen) … 구장 외야석과 내야석 사이의 통로에 마련된 투수 연습장. 투우가 투우장에 출입하는 통로에서 유래되었음.(불은 황소, 펜은 오두막.) 전에는 구원 투수가 펜스 앞에서 연습하는 것이 관습이었는데 그 장소에 불 덤이라는 담배 회사의 광고인 소의 장식이 설치되어 있을 때가 많았음. 그래서 소를 가두는 울타리 속에 있는 것 같이 보여서 이런 명칭이 생겼다고 함.
- 브레이크(breake) … 투수가 던진 공이 휘어지는 각도.
- 블록(block) … 야수가 주자의 주로 또는 진루하려는 베이스를 막는 일. 야수가 볼을 포구하기 직전이나 이미 볼을 가지고 있을 때만 베이스 라인 위에 위치하는 블록이 허용되고 있음.
- 블록 볼(block ball) … 타자가 친 볼이나 투수가 던진 볼이 경기와 관련이 없는 사람에게 터치되든가 정지되었을 때를 일컬음. 이 경우 주심은 즉시 타임을 선언함.
- 블록 사인(block sign) … 감독 또는 투수와 포수간의 사인을 상대편에게 간파당하지 않기 위해 여러 가지 동작을 섞어 복잡하게 만든 신호.
- 비지팅 팀(visiting team) … 원정을 온 팀으로 원정 팀은 빛깔이 있는 유니폼을 착용하고 3루측에, 홈 팀은 흰색의 유니폼을 입고 1루측에 위치하는 것이 관례임.
- 비하인드(behind) … 리드(lead)의 상대어로 경기 중에 상대방보다 자기 팀의 득점이 적은 경우.

- 빈 볼(bean ball) … 투수가 고의로 타자의 머리 부근을 향해 던진 볼. 빈은 미국 속어로 머리라는 뜻. 또 더스터(duster)도 같은 의미로 쓰이고 있으나 이것은 반드시 타자의 머리를 노리는 것이 아니고 타자를 플레이트에서 멀리 떨어지게 하기 위해 타자 근처에 던지는 볼임.

- 사구(base on ball) … 포 볼(four ball). 볼이 네 개가 되어 타자가 1루로 진출하는 것.
- 사구(死球) … 데드 볼. 투구된 공이 타자의 몸에 맞았을 경우로 1루로 진출함.
- 사우스 포(south paw) … 왼손잡이 투수. 남미 출신의 선수들 중 왼손잡이로 훌륭한 선수가 많이 배출된 데서 유래되었다고 함.
- 사이드 스로(side throw) … 팔을 옆으로 휘둘러 던지는 투구법.
- 사이드 핸드 스로(side hand throw) … 팔을 몸쪽으로 해서 던지는 투구법. 사이드 스로.
- 사이클 히트(cycle hit) … 타자가 한 게임에서 1루타 · 2루타 · 3루타 · 홈런을 모두 친 경우. 순서는 상관없음.
- 사인(sign) … 자기 팀의 선수에게 상대팀 몰래 작전을 지시하는 신호.
- 사인 플레이(sigh play) … 감독이 특수한 지시를 내려 선수가 이것을 받아 움직이는 플레이. 같은 사인 플레이라도 야수간에서만 사인에 따라 플레이가 이루어지는 것은 빅 오브 플레이라 함.
- 삼관왕(三冠王) … 타율, 타점, 홈런 부분에서 1위를 차지한 선수.
- 삼루수(三壘手) … 삼루를 지키는 선수. 서드 베이스맨(third base man).
- 삼자범퇴(三者凡退) … 한 회의 공격에서 세 명의 타자가 베이스로 진출하지 못하고서 연달아 아웃이 되는 경우.
- 삼중살(三重殺) … 세 사람의 주자를 한꺼번에 아웃시키는 일.
- 삼진(三振) … 타자가 스트라이크를 세 번 당하여 아웃이 되는 경우. 스트라이크 아웃(strike out).
- 새크리파이스 번트(sacrifice bunt) … 타자는 아웃되었지만 주자를 다음 누로 진출시키는 번트.

- 새크리파이스 히트(sacrifice hit) … 희생 번트나 희생 플라이가 성공한 경우.
- 샤인 볼(shine ball) … 투수가 글러브나 유니폼으로 공을 문질러서 표면을 매끄럽게 해서 던지는 반칙 공의 한 가지.
- 섀도 플레이(shadow play) … 공을 사용하지 않고 정규의 수비 위치에서 동작만 수비하는 흉내를 내는 일.
- 서브마린 피처(submarine pitcher) … 언더 스로 투수의 속어. 서브마린은 잠수함으로 물 위로 떠오르는 모습이 마치 언더 핸드 스로의 투구와 비슷하므로 이렇게 이름붙여짐.
- 서스펜디드 게임(suspended game) … 일시 정지 시합. 부득이한 장애(법률에 의한 시간 제한, 연맹규약에 의한 시간 제한, 조명 고장 등)에 의해 마감하는 시합으로 나중에 나머지 회만 속행할 수 있음. 단 정식 시합이 될 회수가 끝나지 않으면 안 되지만 조명의 고장 경우에는 회수에 관계없이 서스펜디드 게임이 됨.
- 서킷(circuit) … 네 개의 베이스를 일주한다는 뜻으로 홈런을 의미함.
- 선구(選球) … 타자가 투구의 스트라이크나 볼을 잘 분간하는 일. 셀렉션 볼(selection ball).
- 선구안(選球眼) … 타자가 선구하는 능력. 배팅 아이(batting eye).
- 선발 투수(先發投手) … 1회부터 출전하는 투수. 스타팅 피처(starting pitcher).
- 선심(線審) … 좌우 파울 라인 외야 펜스 가까이에 위치하는 두 명의 심판.
- 세이브(save) … 구원 투수의 공적을 한층 더 명확하게 기록에 남기려고 고안해낸 것으로 구원 승리수에 세이브수를 가산하는 것. 팀이 리드하고 있을 때 릴리프하여 규정된 대로 리드를 유지하는데 유효한 투구를 했음에도 불구하고 승리 투수가 되지 못했을 때 세이브가 주어지게 되어 있음.
- 세이프(safe) … 주자가 아웃을 면하는 일.
- 세이프티 리드(safety lead) … 주자가 다음 베이스로 가기 위해 송구되어도 안전한 범위까지 베이스에서 떨어지는 일.
- 세이프티 번트(safety bunt) … 배트로 공을 가볍게 밀어서 1루로 살아나가려는 타법. 드래그 번트(drag bunt).
- 세이프티 히트(safety hit) … 기습 번트로 타자가 1루에 진루하는 경우.
- 세컨드(second) … 2루수. 세컨드 베이스맨(second base man).
- 세트 포지션(set position) … 1950년부터 만들어진 규칙 용어로 투수의 투구

자세의 하나. 투수가 디딤발을 전부 투수판 위에 놓든가 투수판 앞 끝에 닿게 해놓고 다른 발을 투수판 앞에 놓고 공을 양손으로 몸 전면에서 1초 이상 정지했다가 투구하는 자세.

● **센터**(center) … 중견수. 센터 필더(center fielder).

● **센트럴 리그**(central league) … 일본 프로 야구 리그의 하나. 가맹 팀은 요미우리 자이언트, 한신 타이거즈, 주니치 드래곤즈, 다이요 휠즈, 히로시마 동양 카프, 야쿠르트 스왈로즈의 6개 구단이 있음. 약칭하여 세 리그라고도 함.

● **셀러**(seller) … 리그 중에서 실적이 가장 나쁜 팀.

● **섯 아웃**(shut out) … 상대편에게 득점을 주지 않고 영패를 시키는 것. 완봉(完封).

● **솔로 홈런**(solo homerun) … 주자가 없을 때 단독으로 홈런을 쳐서 1점을 얻는 것.

● **쇼트**(short) … 유격수(遊擊手).

● **쇼트 바운드**(short bound) … 투구나 타구가 잡히기 직전에 지면에 떨어져서 작게 바운드 되는 것.

● **쇼트 스윙**(short swing) … 배트를 짧게 쥔 상태에서 확실히 공을 맞추는 타법.

● **쇼트 스톱**(short stop) … 3루와 2루 중간쯤에서 수비를 맡아보는 선수. 유격수.

● **쇼트 페그**(short peg) … 투수나 유격수, 2루수가 2루에 짧게 볼을 던지는 것.

● **숄더 볼**(shoulder ball) … 타자의 어깨 부위를 겨냥해서 던지는 공으로 플라이나 파울 볼로 유도하려고 하나 자칫하면 홈런을 당할 수도 있음.

● **수비율**(fielding average) … 내야와 외야의 수비 성적으로 자살과 보살의 수의 합계를 자살과 보살과 실책 수의 합계로 나눈 백분율. 여기서 자살이란 견제구로 타자를 잡는 경우를 말하며 보살이란 자기가 타구를 잡아 처리한 경우를 말함.

● **수위 타자**(首位打者) … 타율이 가장 높은 타자. 리딩 히터(leading hitter).

● **슈어 배터**(sure batter) … 안타를 잘 치는 믿음직스러운 타자.

● **슈트**(shoot) … 커브처럼 눈에 띄게 휘어져 들어오지는 않지만 타자의 몸 가까이에서 자연스럽게 휘는 투구. 오른손잡이 투수의 경우에는 타자의 왼쪽으

로, 왼손잡이 투수의 경우에는 타자의 오른쪽으로 구부러짐.
- 스냅(snap) … 공을 던질 때의 손목의 움직임이나 그 힘.
- 스냅 스로(snap throw) … 손목의 힘을 강하게 써서 던지는 투구법.
- 스리런 호머(three run homer) … 타자를 포함해서 한꺼번에 세 점을 득점하는 홈런.
- 스리 번트(three bunt) … 타자가 투 스트라이크 후에 번트하는 것. 파울의 경우 등으로 이것이 실패하면 아웃됨.
- 스리 쿼터(three quarter) … 사이드 스로와 오버 스로의 중간 투구법으로 4분의 3 투구법. 대다수의 오버 스로 투수는 이 형임.
- 스리 피트 라인(three feet line) … 1루 중간에서 시작해서 내야 바깥쪽에 그어진 9.14cm의 장방형의 선. 타자 주자는 이 라인 바깥쪽 또는 파울 라인 안쪽을 달려 베이스로의 송구를 받으려는 야수의 동작을 방해했다고 심판이 인정하면 그 주자는 라인 아웃으로 아웃이 됨.
- 스모크 볼(smoke ball) … 연기와 같이 타자의 눈에 보이지 않을 만큼 스피드가 있는 투구.
- 스위치(switch) … 부진한 투수를 교체시키는 것.
- 스위치 히터(switch hitter) … 좌우 어느 쪽으로든 잘 칠 수 있는 타자.
- 스윙(swing) … 타자가 배트를 휘두르는 동작.
- 스윙 아웃(swing out) … 투 스트라이크일 때 배트를 휘둘렀으나 볼을 헛침으로써 삼진으로 아웃이 되는 것.
- 스카우트(scout) … 유망한 선수를 찾아내서 프로 구단에 알선하는 일이나 사람.
- 스코어(score) … 경기의 득점. 득점표.
- 스코어링 포지션(scoring position) … 단타만 때려주어도 홈인할 수 있는 2루나 3루의 위치로 주로 2루에 주자가 있는 경우.
- 스코어 보드(score board) … 경기의 득점이나 경과를 알리는 게시판. 전광판.
- 스퀴즈 번트(squeeze bunt) … 희생 번트의 하나. 무사 또는 1사에서 3루 주자의 득점을 목적으로 행하는 번트. 투수의 투구와 동시에 3루 주자가 스타트하는 수사이드 스퀴즈(suicide squeeze)와 타자의 번트를 확인하고서 달리는 세이프티 스퀴즈(safety squeeze)의 두 가지가 있다.
- 스크레치 히트(scratch hit) … 당연히 아웃이 될 타구가 불규칙 바운드 등에

의해 우연히 히트가 된 경우.

- **스크루 볼**(screw ball) … 리버스 커브라는 별명을 가진 변화구의 하나. 커브와는 반대의 비틀기를 볼에 가함. 투구법은 커브와 비슷한데 집게손가락을 투구 때 힘을 넣어 가운데손가락으로 공의 방향을 걸도록 하여 엄지손가락으로 공을 가운데손가락과 약손가락 사이에서 밀어내듯이 던짐. 매우 위력이 좋은 볼이지만 팔에 부담을 주어서 투수로서의 생명을 단축시키는 결과를 낳기도 함.
- **스키퍼**(skipper) … 감독이나 주장.
- **스타팅 멤버**(starting member) … 시합 개시 전에 양 팀의 감독에 의해 교환되는 멤버를 말하며 약칭하여 스타 맨이라고 함.
- **스타팅 피처**(starting pitcher) … 선발 투수.
- **스탠드 업 슬라이딩**(stand up sliding) … 슬라이딩 직후 베이스에 닿는 순간 연속 동작으로 일어서는 슬라이딩.
- **스탠드 플레이**(stand play) … 관중들에게 잘 보이려고 하는 과장된 동작의 플레이. 그랜드 스탠드 플레이(grand stand play)라고도 함.
- **스탠스**(stance) … 치기 직전의 타자 자세.
- **스테일 게임**(stale game) … 지겹고 재미없는 경기.
- **스텝**(step) … 걸음 동작. 볼에 배트를 닿게 하기 직전에 타자는 투수에 가까운 발을 딛는 것을 가리킴. 스트라이드(stride)라고도 함.
- **스토브 리그**(stove league) … 동계 시즌 휴정 기간 동안에 선수의 트러드, 신인의 획득 등을 둘러싸고 팀 사이에 벌어지는 동향. 스토브를 둘러앉아 괜히 그 뜬소문을 나누고 있는 것에서 유래.
- **스톨른 베이스**(stolen base) … 도루.
- **스트라이크**(strike) … 투수가 던진 공이 스트라이크 존을 지나가는 일이나 타자가 볼을 헛친 경우 혹은 파울 팁도 스트라이크로 침.
- **스트라이크 아웃**(strike out) … 삼진. 타자가 세 개의 스트라이크를 못 치거나 헛친 경우.
- **스트라이크 존**(strike zone) … 투수가 던진 공이 스트라이크로 판정되는 범위. 타자가 타격 자세를 취했을 때 겨드랑이와 무릎 사이에 해당되는 높이의 홈 플레이트 위의 공간. 타자의 키나 타격 자세에 따라 다소 차이가 있음.
- **스트레이트**(straight) … 포 볼로 타자를 1루에 내보내는 것이나 직구.
- **스트레이트 볼**(straight ball) … 직구.

- 스트레치(stretch) … 세트 포지션 때 투수가 투구할 때 팔을 모아서 두 손으로 공을 감싼 채 신체의 전방에서 일단 완전 정지한 상태.
- 스틸(steal) … 도루.
- 스틸 앤드 슬램(steal and slam) … 히트 앤드 런을 할 때 투수가 웨이스트 볼을 던져 주자만 도루하는 것.
- 스프레이 히터(spray hitter) … 좌우 어느 방향으로나 잘 치는 능란한 타자. 스위치 히터(switch hitter).
- 스프링 캠프(spring camp) … 봄에 행하는 연습.
- 스핏 볼(spit ball) … 볼에 침을 발라 스냅이 잘 되도록 하여 회전을 증가시킴으로써 커브나 드롭이 잘 되도록 던지는 볼. 1969년부터는 투구하는 손을 입 또는 입술에 대는 것을 금지하고 있음.
- 슬라이더(slider) … 속구의 일종으로 수평으로 외각에 흐르는 투구. 공을 타자 가까이에서 미끄러지듯이 바깥쪽으로 빠지게 던지는 일.
- 슬라이딩(sliding) … 볼에 터치당하는 것을 피해서 발끝·손·머리로부터 베이스에 미끄러져 들어가는 기술. 손부터 들어가는 것을 헤드 슬라이딩(head sliding), 발부터 들어가는 것을 훅 슬라이딩(hook sliding)이라고 함.
- 슬라이딩 캐치(sliding catch) … 미끄러지면서 어려운 공을 잡아내는 동작.
- 슬러거(slugger) … 장거리 타구를 잘 치는 타자. 강타자.
- 슬러깅 애버리지(slugging average) … 장타율. 단타를 1, 2루타를 2, 3루타를 3, 홈런을 4로 계산해서 그 총계를 타수로 나눈 것.
- 슬럭 페스트(slug fest) … 안타가 많이 나오는 것.
- 슬럼프(slump) … 제 실력을 발휘하지 못하는 부진한 상태가 오래 가는 현상이나 침체된 경기.
- 슬로 볼(slow ball) … 속구에 대응하는 느린 볼.
- 승률(勝率) … 투수나 팀의 승리수를 전시합으로 나눈 백분율로 무승부 시합은 시합수에 가산하지 않음. 승률이 1에 가까울수록 좋으며 리그 전일 경우는 팀 순위를 이 승률로 결정함.
- 승리 투수(winning pitcher) … 한 시합에서 팀 승리에 가장 공적이 있던 투수. 승리 투수가 되려면 선발 투수는 5회 이상 던져야 하며 그 투수의 등판 중 자기 팀이 리드하고 있는 것이 필요함. 중간에 동점이 되면 그 이후의 투수의 성적으로 승리 투수를 정함.
- 시구식(始球式) … 시합을 시작하기 직전에 저명인사가 처음으로 포수에게

공을 던지는 의식.

- **시그널(signal)** ··· 심판이 몸짓이나 손으로 선고하는 행동.
- **시리즈(series)** ··· 계속되는 경기.
- **시소 게임(seesaw game)** ··· 형세가 서로 엇비슷한 일진 일퇴의 경기.
- **시트(seat)** ··· 선수의 수비 위치.
- **시트 녹크(seat knock)** ··· 수비 연습의 하나. 야수가 각기 정해진 위치에서 포구와 투구 연습을 할 수 있게 홈에서 배트로 공을 쳐내는 일.
- **시프트(shift)** ··· 타자의 특성에 따른 야수의 수비 위치를 이동하는 일이나 수비 태세.
- **실책(失策)** ··· 실수. 에러(error). 미스 플레이(miss play).
- **싱글 핸드 캐치(single hand catch)** ··· 한 손으로 공을 잡는 행동.
- **싱글 히터(single hitter)** ··· 단타를 잘 치는 타자.
- **싱글 히트(single hit)** ··· 1루로 출루할 수 있는 안타. 1루타.
- **싱커(sinker)** ··· 볼이 타자에게 가까이 와서 가라앉듯이 떨어지는 변화구.

- **아마추어 야구(amateur baseball)** ··· 실업단 야구.
- **아메리칸 리그(American league)** ··· 1900년에 시카고의 반 존슨을 중심으로 결성된 미국의 프로 야구 연맹의 하나. 내셔널 리그와 함께 메이저 리그를 형성함. 동부 지부 소속에는 뉴욕 양키즈, 보스턴 레드삭스, 클리블랜드 인디언즈, 디토로이트 타이거즈, 볼티모어 올리온즈, 밀워키 브류워즈, 토론토 블루제이스가 있고 서부 지부에는 시카고 화이트삭스, 텍사스 레인저스, 오클랜드 어틀레틱스, 미네소타 트윈즈, 캘리포니아 앤젤스, 캔자스시티 로열즈, 시애틀 매리너스 팀이 소속되어 있음.
- **아웃(out)** ··· 타자와 주자가 공격할 자격을 잃는 일.
- **아웃 드롭(out drop)** ··· 투수가 던진 공이 타자 앞에 와서 갑자기 떨어지는 듯하면서 바깥쪽으로 꺾이는 투구.
- **아웃 슈트(out shoot)** ··· 투수가 던진 빠른 공이 타자의 몸 가까이에 와서 급히 밖으로 휘는 공.
- **아웃 카운트(out count)** ··· 아웃의 수. 원 아웃, 투 아웃, 스리 아웃이라 부

름.

● 아웃 커브(out curve) … 투수가 던진 공이 타자 앞에 와서 갑자기 바깥쪽으로 꺾이는 공.

● 아웃 코너(out corner) … 타자 쪽에서 보아 홈 베이스의 중앙부의 바깥쪽 부분. 외각(外角).

● 아웃 코스(out course) … 타자로부터 먼 쪽으로 지나가는 공의 길.

● 아웃 필더(out fielder) … 외야수.

● 안전 진루권(安全 進壘權) … 타자를 제외한 각 주자가 아웃되지 않고 한 개씩 그 앞의 베이스를 차지하는 경우. 보크나 타자가 사사구를 얻었을 때 등에 주어짐.

● 안타(安打) … 타자가 베이스까지 안전하게 나갈 수 있도록 공을 치는 것. 히트(hit).

● 알파승(alpha 勝) … 먼저 수비한 팀의 득점이 먼저 공격한 팀보다 득점이 많을 경우에는 최종회 공격을 하지 않고 경기를 마치고 승리하는 것.

● 애드저지드(adjudged) … 심판원의 판단으로 내리는 재정(裁定).

● 앳 배트(at bat) … 타자가 타격을 완료한 회수. 사사구(四死球), 희생타, 타격 방해가 되었을 경우에는 포함하지 않음. 타수(打數).

● 야수(野手) … 내야수와 외야수의 총칭. 필더(fielder).

● 어드밴티지(advantage) … 유리한 상황.

● 어시스트(assist) … 수비하는 데 있어서 다른 선수가 자살(刺殺)하는 것에 보조적인 역할을 한 선수에게 주는 기록상의 용어. 보살(補殺).

● 어퍼 스윙(upper swing) … 낮은 공을 아래에서 위로 올려치는 스윙.

● 어필 플레이(appeal play) … 수비 팀이 공격측 팀의 규칙 위반을 지적하여 심판원에게 아웃을 선고하도록 요구하는 일. 어필은 비구를 잡았는데 주자가 귀루하지 않은 경우, 주자가 누를 지날 때 터치하지 않은 경우, 1루를 오버런하거나 오버 슬라이드하고 곧 되돌아가지 않은 경우, 주가 본루에 닿지 않고 더구나 다시 터치하려 하지 않는 경우, 타순을 바꿔 타격이 끝난 경우에 할 수 있음.

● 어헤드(ahead) … 자기 팀이 상대방 팀보다 득점이 많은 경우. 리드(lead).

● 언더 셔츠(under shirt) … 유니폼 속에 입는 팔이 긴 셔츠.

● 언더 핸드 스로(under hard throw) … 팔을 어깨 밑으로부터 위쪽으로 치켜 올리면서 공을 던지는 방법. 낮게 찌르는 타구에는 적당하지 않음.

- 언드 런(earned run)⋯ 자책점. 투수의 책임이 되는 상대 팀의 득점. 안타, 희생타, 도루, 야수 선택, 포 볼 등에 의해 상대 팀이 득점하는 경우나 투수의 폭투 및 보크로 생환하여 득점하는 경우를 일컬음. 자책점이 적을수록 좋은 투수임.
- 언드 런 애버리지(earned run average)⋯ 투수의 방어율.
- 엄파이어(umpire)⋯ 심판원. 그 임무에 따라 구심, 누심, 선심으로 나눔.
- 에러(error)⋯ 잡을 수 있는 타구나 승구를 실수하는 것. 실책.
- 에버스 시스템(Ever's system)⋯ 미국 메이저 리그 초기 존 에버스가 고안한 방법으로 번트하는 체하여 내야수를 앞으로 유인한 후 주자의 도루를 도와주는 것.
- 에이스(ace)⋯ 팀의 기둥이 되는 피처. 주전 투수.
- 엑스트라 이닝 게임(extra inning game)⋯ 연장전이 된 회.
- 엑시비션 게임(exhibition game)⋯ 승부를 두지 않고 기술을 공개하는 목적으로 하는 모범 경기.
- 엔타이틀 투 베이스(entitle two base)⋯ 타구가 원 바운드로 스탠드에 들어가거나 던진 공이 폭투가 되어 덕아웃에 들어갔을 때 타자와 주자에게 두 개의 베이스가 주어지는 안전 진루권.
- 영구 결번(永久缺番)⋯ 프로 야구의 구단이 재적한 선수의 활약에 보답하기 위해 그 선수의 백 넘버를 다른 선수에게 물려주지 않고 퇴단 후 영구히 보존하여 공로에 보답하는 일. 미국에서는 뉴욕 양키즈에서 타격왕이라고 불리운 루 게릭그 1루수의 4번이 최초이며 홈런왕 베이브 루스의 3번, 조 대마지오의 5번, 미키 맨틀의 7 등이 영구 결번임.
- 오너(owner)⋯ 프로 야구단의 대표자.
- 오더독스(orthodox)⋯ 오른손잡이 투수나 직구로 타자와 승부를 거는 정통파 투수.
- 오버 런(over run)⋯ 주자가 달리던 가속도 때문에 베이스를 지나친 상태.
- 오버 슬라이드(over slide)⋯ 주자가 슬라이딩한 여세로 베이스에서 떨어져 아웃이 될 상태에 놓여지는 경우.
- 오버 핸드 스로(over hand throw)⋯ 팔을 머리 위로 휘둘러 올려 아래로 던지는 투구법.
- 오클럭 시스템(o'clock system)⋯ 주심을 포함한 심판이 주자가 이동되는 플레이 때 시계 방향으로 위치를 돌며 플레이상의 판정을 내리는 형태.

- 오펜스(offense) … 공격 중인 선수나 팀.
- 오픈 게임(open game) … 시즌 오프 등에 행해지는 연습 경기.
- 오피셜 룰즈(official rules) … 공인 야구 규칙.
- 올 라운드 플레이어(allround player) … 잘 치고 잘 지키고 잘 달리는 만능 선수.
- 올마이티 히터(allmighty hitter) … 사이클 히트(cycle hit)를 친 선수.
- 올터네이트 볼(alternate ball) … 주심이 보관하는 예비용 볼.
- 올 스타 게임(all star game) … 미국의 아메리칸 리그와 내셔널 리그의 우수 선수를 선발하여 매년 7월에 행하는 게임이 시초임. 팀 구성은 리그의 전년도 우승 팀의 감독이 되며 팬 투표로 투수를 제외한 8명의 선수, 코치를 정하고 그 밖의 선수는 감독이 결정함.
- 옵스트럭션(obstruction) … 주루 방해. 야수가 볼을 갖고 있지 않거나 처리할 태세를 갖추고 있지 않을 때 주자의 진루를 방해하는 반칙 행위.
- 와인드 업(wind up) … 투구의 예비 동작. 투수가 잘 쓰이는 팔을 크게 돌리거나 양손을 머리 위로 높이 쳐드는 일.
- 와인드 업 포지션(wind up position) … 투수의 투구 자세. 디딤 발을 전부 투수판 위에 놓거나 투수판의 앞 끝에 닿도록 놓고 다른 발은 투수판 위에 놓거나 투수판을 벗어나게 놓을 때는 그 뒤 끝 선보다 뒤쪽에 놓고 두 손으로 볼을 보지하는 자세.
- 와일드 스로(wild throw) … 좋지 못한 나쁜 송구.
- 와일드 피치(wild pitch) … 투수가 폭투하는 일로 포수가 잡지 못할 경우.
- 완봉(完封) … 투수가 완투하여 상대 팀에게 전혀 득점을 주지 않은 승리. 셧 아웃(shut out).
- 완전 경기(完全競技) … 한 사람의 투수가 히트, 사구, 데드 볼을 주지 않고, 실수에 의한 출루도 없고 매 회마다 세 사람으로 공격을 끝낸 한 게임. 퍼펙트 게임(perfect game).
- 외야(外野) … 내야 뒤쪽의 파울 라인 안의 지역.
- 외야수(外野手) … 외야를 맡아서 수비하는 선수. 아웃 필더(out fielder).
- 우드 플레이어(wood player) … 타격은 뛰어나지만 수비가 좋지 못한 투수.
- 우익수(右翼手) … 1루와 2루의 중간 후반에 위치하는 외야수의 한 사람. 라이트 필더(right fielder).
- 원 사이드 게임(one side game) … 일방적으로 승부가 정해져 한 팀이 압도

적으로 이기는 경기.

- **원 포인트 릴리프**(one point relief) … 수비측이 한 타자만을 아웃시키고자 구원으로 내세우는 투수.
- **원 히트 투 런**(one hit two run) … 한 개의 안타로 두 점을 얻어내는 일.
- **월간 MVP** … 센트럴 리그에서 1975년부터 마련한 상이 최초로 각 월간 중 그 팀의 승리에 가장 공헌이 많았던 선수에게 자료를 바탕으로 주어지는 상.
- **월드 시리즈**(world series) … 미국의 내셔널 리그와 아메리칸 리그의 우승 팀 사이에서 행해지는 경기로 7회전 중 4회를 먼저 이기는 팀이 승리함.
- **웨이버**(waiver) … 프로 야구 구단이 선수 계약을 해제하려 할 경우에는 그에 앞서 다른 구단에 대해 계약 양도를 희망하는가 어떤가를 공시하는 것. 한 선수에게 복수 구단의 지명이 집중되는 경우에는 하위 구단부터 우선 순위가 주어짐.
- **웨이스트 볼**(waste ball) … 투수가 도루나 스퀴즈 플레이를 경계하여 타자가 치지 못하도록 일부러 스트라이크 존을 벗어나게 던져 포수가 송구하기 좋게 던지는 볼. 정식으로는 피치드 아웃(pitched out)이라고 함.
- **웨이팅 서클**(waiting circle) … 다음 타자석. 직경 5피트의 서클이 설정되어 있음. 넥스트 배터스 서클(next batters circle).
- **웨이팅 시스템**(waiting system) … 투수를 일부러 피곤하게 하거나 컨트롤을 흐뜨러지게 할 목적으로 볼이 좋지만 찬스를 기다리는 작전.
- **위닝 런**(winning run) … 승부를 판가름할 수 있는 중요한 1득점.
- **위닝 볼**(winning ball) … 투수가 최후의 타자를 아웃시켜 승리를 획득했을 때 사용한 공.
- **위닝 숏**(winning shot) … 투수가 타자를 아웃시키기 위해 던지는 스리 스트라이크째의 정확한 볼 결정구.
- **위닝 피처**(winning pitcher) … 승리 투수.
- **위닝 히트**(winning hit) … 승리를 결정지은 안타.
- **윈드 브레이커**(wind breaker) … 투수가 유니폼 위에 덧입는 재킷.
- **유격수**(遊擊手) … 2루와 3루 사이에서 2루 쪽으로 있는 수비 선수. 내야수.
- **유니폼**(uniform) … 선수들이 똑같이 입는 운동복.
- **유틸리티 플레이어**(utility player) … 공격과 수비를 모두 잘 하는 선수.
- **이닝**(inning) … 양 팀이 공격과 수비를 한 번씩 끝내는 시간. 한 회.
- **이닝 피치드**(inning pitched) … 투수가 던진 투구 회수.

- 이레귤러 바운드(irregular bound) … 공이 그라운드의 요철로 인해 예상 외의 방향으로 바운드 되는 것으로 안타로 기록됨. 불규칙 바운드.
- 이십 초 룰(twenty second rule) … 투수의 규칙에 주자가 누에 없을 때 투수는 볼을 받은 후 20초 이내에 타자에 투구하지 않으면 안 되고 이를 어길 때는 심판이 볼을 선언함. 이 규칙은 시합을 스피드 업(speed up)시키기 위해 정한 것.
- 이어플랩 헬멧(earflap helmet) … 타자가 귀를 보호하기 위해 쓰는 헬멧.
- 이중 사인(double sign) … 특히 2루에 주자가 있는 경우에 포수로부터의 사인을 도둑맞지 않기 위해 우선 투수가 사인을 보내 포수가 이것을 받아 사인을 낸다는 혼합 방식.
- 이지 플라이(easy fly) … 별로 어렵지 않게 잡아낼 수 있도록 위로 솟은 볼.
- 인공 잔디 … 합성수지 소재의 고무를 깔아놓은 잔디. 이 특징은 불규칙 바운드가 거의 없어 안타가 많고 비가 온 후에도 시합 개시가 원활함.
- 인 더 홀(in the hole) … 투수나 타자의 카운트가 불리하게 되었을 경우. 예를 들어 피치 인 더 홀은 노 스트라이크 스리 볼일 때이고 배터 인 더 홀은 투 스트라이크 노 볼과 같은 경우임.
- 인 도어 베이스볼(in door baseball) … 실내 야구.
- 인 드롭(in drop) … 타자 가까이에서 안쪽으로 굽어 들며 아래로 처지는 투구.
- 인디케이터(indicator) … 구심이 타자의 볼 카운트를 잊지 않기 위해 사용하는 계수기.
- 인사이드 볼(inside ball) … 안쪽으로 굽어서 들어오는 공.
- 인사이드 시스템(inside system) … 2루에 주자가 있을 때 2루심이 세컨 베이스의 안쪽으로 들어와서 진행을 지켜보고 판정을 내리는 일.
- 인사이드 워크(inside work) … 교묘하게 플레이를 하기 위해 머리를 쓰는 일. 두뇌 플레이. 주로 포수의 투수 리드를 가리킴. 헤드 워크(head work).
- 인사이드 프로텍터(inside protector) … 주심이 유니폼 속에 착용하는 가슴 보호용 막이.
- 인 슈트(in shoot) … 투수가 던진 빠른 공이 타자의 몸 가까이에 와서 급히 안으로 휘는 공.
- 인 제퍼디(in jeopardy) … 공격측의 선수가 아웃이 될 위험에 있는 상태.
- 인 커브(in curve) … 투수가 던진 공이 타자 안쪽으로 꺾이는 공.

- 인 코너(in corner) … 타자측에서 보아 홈 베이스의 안쪽.
- 인 코스(in course) … 타자 가까이로 지나가는 공의 길.
- 인터벌(interval) … 투수의 타자에 대한 투구 간격.
- 인터피어런스(interference) … 포수의 타격 방해, 공격측의 수비방해, 심판의 방해, 관중의 방해 등 상대방의 플레이를 고의로 방해하는 일.
- 인텐셔널 베이스 온 볼스(intentional base on balls) … 경원사구, 고의사구, 포수와 투수가 타자를 꺼려 고의로 걸려 보내는 공.
- 인플라이트(inflight) … 공이 지면에 닿기 전에 떠 있는 상태.
- 인 필더(in fielder) … 내야를 수비하는 선수의 총칭.
- 인 필드(in field) … 내야, 본루, 1루, 2루, 3루로 에워싼 사각형 부분.
- 인 필드 프렉티스(in field practice) … 수비수들이 자기 위치에서 녹커가 쳐 주는 공을 받고 던지는 수비 연습.
- 인 필드 플라이(in field fly) … 무사 또는 1사에서 주자가 1, 2루 또는 만루 때 내야수가 당연히 포구할 수 있는 페어 플라이를 친 경우. 심판은 즉시 이를 선고하며 타자는 포구되거나 못 하거나 불문하고 아웃이며 주자는 볼 인플레이이므로 위험을 무릅쓰고 진루할 수 있음. 플라이가 누상의 주자에게 닿은 경우는 타자만 아웃으로 시합은 정지되고 베이스를 벗어난 주자에 맞으면 타자와 주자가 모두 아웃이 되며 시합은 정지됨. 번트의 페어 히트가 플라이 된 경우는 인 필드 플라이가 아님. 이 규칙은 고의로 내야 비구를 낙구하여 중살을 꾀하는 것을 방지하기 위해 규정된 것.
- 인 필드 히트(in field hit) … 내야에서 공이 떨어져 안타가 되는 경우.
- 일리걸 피치(illegal pitch) … 반칙 투구. 투수가 투수판에서 발을 떼고 투구하는 행위, 공에 다른 것을 더 대거나 이물질을 묻혀서 투구하는 경우, 타자의 허를 노려 투구하는 행위 등으로 보크가 됨.
- 일리걸리 배티드 볼(illegally batted ball) … 반칙 타구. 공격 중인 타자가 한 발 또는 양 발을 배터 복스의 선 밖으로 내딛고서 투수의 공을 치는 행위로 이는 아웃이 됨. 규칙 위반의 배트로 친 타구도 반칙으로 인정됨.
- 임팩트(impact) … 투구한 공이 배트에 맞는 순간.

ㅈ

- **자살(刺殺)**⋯ 주자가 주루를 베이스와 베이스 사이에서 수비진에 잡혀 아웃이 되는 일. 또 야수가 플라이를 잡거나 다른 데서의 송구에 의해 타자와 주자를 아웃시키는 일. 런 다운(run down). 척살.
- **자유계약 선수(free agent)**⋯ 프로 야구 구단에서 자유로이 어느 구단에도 계약할 수 있는 선수로 구단과의 계약이 해소된 선수나 어느 프로 구단과도 계약한 적이 없는 선수를 일컬음.
- **자책점(自責點)**⋯ 사구(死球), 안타 등 투수의 잘못으로 상대 팀에 준 점수. 자기 팀의 에러나 패스트 볼 등이 얽힌 경우는 해당되지 않으며 방어율을 산출하는 기초가 됨. 언드 런(earned run).
- **잔루(殘壘)**⋯ 공격 팀과 수비 팀이 교체할 때에 주자가 본루에 돌아오지 못하고 베이스에 남아 있는 일. 레프트 온 베이스(left on base).
- **장타(長打)**⋯ 2루타 이상의 안타. 롱 히트(long hit).
- **저글(juggle)**⋯ 공을 잡을 때 글러브 안에서 공이 튀는 것.
- **저스트 미트(just meet)**⋯ 타이밍에 잘 맞춰서 공의 중심을 배트에 맞추는 것.
- **저지(judge)**⋯ 심판원이나 판정.
- **적시 안타(適時安打)**⋯ 누상에 주자를 두고 때려 타점을 올리는 안타. 적시타. 타임리 히트(timely hit).
- **전천후 구장(全天候球場)**⋯ 눈이나 비에도 야구를 볼 수 있도록 지붕이 있는 구장. 1965년 미국 텍사스 주 휴스턴의 애스트로 돔(해리스 카운트 스타디움)이 세계 최초의 지붕이 있는 구장임.
- **제구력(制球力)**⋯ 투수가 마음먹은 대로 공을 던질 수 있는 능력.
- **제소 게임(提訴 game)**⋯ 프로 야구에서 심판원이 규칙에 위반되는 판정을 했을 때 감독이 그 판정에 대한 심의를 청구하는 제소를 할 수 있으며 소청위원회에서 그것을 받아들이면 위반이 되는 그 상황에서 게임을 다시 하는 것.
- **져킹(jerking)**⋯ 달리다가 갑자기 멈추는 것.
- **좌익수(左翼手)**⋯ 3루수와 유격수의 중간 외야의 수비에 서 있는 선수. 레프트 필더(left fielder).
- **주루(走壘)**⋯ 주자가 누에서 누로 달리는 것. 베이스 러닝(base running).
- **주심(主審)**⋯ 구심(球審).

- **주전 투수(主戰投手)** … 여러 팀과 투수들 가운데 가장 뛰어난 투수.
- **중견수(中堅手)** … 2루 베이스의 후방을 수비하는 외야수. 센터 필더(center fielder).
- **중도(重盜)** … 두 주자가 동시에 도루하는 것. 더블 스틸(double steal).
- **지명 타자(指名打者)** … 투수의 대타로서 타순에 넣은 타격 전문의 선수로 공격 때만 시합에 참가함. DH(designated hitter)로도 쓰임.
- **직구(直球)** … 곧게 던지는 공.
- **진루(進壘)** … 주자가 다음 베이스로 옮기는 것.

ㅊ

- **척살(刺殺)** … 상대의 타자와 주자를 아웃시키는 마지막 수비.
- **체인지(change)** … 스리 아웃이 되어 공수를 바꾸는 일.
- **체인지 업 볼(change up ball)** … 볼에 변화를 가한 투구. 폼은 바꾸지 않고 구질이나 공의 코스를 바꿔 타자의 타이밍을 놓치게 하는 공.
- **체인지 오브 페이스(change of pace)** … 타자가 볼을 잘 쳐내지 못하도록 타이밍을 바꾸는 기술로 번갈아 변화시킴. 체인지 업(change up).
- **초크 히터(choke hitter)** … 짧게 배트를 잡고 공을 가볍게 때려 치는 타자.
- **촉구(觸球)** … 야수가 공을 잡은 글러브나 공을 주자에게 대는 것.
- **촙 히터(chop hitter)** … 배트를 짧게 쥐고 단타 위주로 때리는 타자.
- **최우수 구원 투수상** … 1976년에 미국에서 처음 고안한 상으로 세이브 수와 구원승리 수의 합계가 가장 많은 투수에게 수여되는 상.
- **최우수 방어율 투수** … 시즌을 통해 가장 방어율이 우수한 투수로 한 팀당 짜여져 있는 시합 총수와 같은 수 이상의 이닝을 투구해야만 자격이 주어짐.
- **최우수 선수** … 약칭으로 MVP(most valuable player)라고도 하며 그 시즌을 통해서 모든 점에서 가장 우수했던 선수에게 주어지는 명칭.

ㅋ

- **카드(card)** … 짜 맞춤. 승부. 호 카드는 좋은 대항.

- 캐처(catcher) … 투수의 공을 받는 선수. 본루 후방에 위치함. 포수.
- 캐처스 라인(catcher's line) … 포수선. 포수의 자리를 표시한 네 개의 선.
- 캐처스 복스(catcher's box) … 투수가 투구할 때까지 포수가 있는 장소.
- 캐치(catch) … 포구(捕球). 야수가 떠 있는 공을 정확히 받는 일이나 투구나 송구 등을 글러브로 정확히 받음.
- 캐치 볼(catch ball) … 공을 던지고 받는 연습.
- 캔버스(canvas) … 1, 2, 3루에 놓는 베이스 표시를 캔버스 백으로 표시하기 때문에 부르는 이름.
- 캠프 인(camp in) … 합숙 연습에 들어가는 일.
- 캡틴(captain) … 팀의 주장. 우두머리.
- 커미셔너(commissioner) … 프로 야구 최고 기관의 대표자로 분쟁을 조정하고 부정 등의 판정을 함.
- 커버(cover) … 수비자가 다른 수비자가 없는 틈에 베이스를 지켜주는 일.
- 커브(curve) … 투수가 던진 공이 타자 가까이에 와서 왼쪽이나 오른쪽으로 구부러지는 공.
- 커브 머신(curve machine) … 타격 연습을 할 때 투수 대신 공을 던지는 기계.
- 커트(cut) … 타자가 투수가 던진 공을 잡아채듯이 치는 일. 또는 야수가 던진 공이 목적한 야수에 도달하기 전에 다른 야수가 중간에서 잡아버리는 일.
- 커트 오프 플레이(cut off play) … 본루를 향해 포수에게 송구한 것을 투수가 중간에서 잡아 다른 주자의 진루에 대비하는 플레이.
- 컨버트(convert) … 수비의 위치를 바꾸는 일.
- 컨트롤(control) … 투수의 제구력.
- 코너 볼(corner ball) … 투수가 던진 볼이 본루의 내각이나 외각을 통과하는 볼.
- 코너 스톤(corner stone) … 포수. 포수의 구실은 팀 전체의 초석이 된다는 뜻에서 나온 말.
- 코너 워크(corner work) … 투수가 교묘한 컨트롤로 홈 플레이트를 벗어날 듯 말 듯한 공을 던져 타자를 괴롭히는 것.
- 코처(coacher) … 주로 코처스 복스에서 주자에게 사인과 주의를 주는 코치.
- 코처스 라인(coacher's line) … 공격측이 내는 1, 3루 코치의 정위치로 1, 3루의 바깥쪽에 흰 선으로 표시함.

● 코치(coach) … 감독 밑에서 선수들에게 기술과 정신을 가르치는 사람.

● 콜(call) … 심판이 판정한 것을 소리내어 말하는 것.

● 콜드 게임(called game) … 양 팀이 모두 5회 이상의 공격이 끝난 후 비가 오거나 날이 어두워 도저히 시합을 계속할 수 없거나 분쟁으로 인해 경기를 진행시킬 수 없을 때 주심이 중지시킨 시합. 그때까지의 득점에 의해서 승부를 결정지음.

● 콤비네이션(combination) … 야수의 협동 수비 동작이나 투구의 배합.

● 쿠션 볼(cushion ball) … 구장의 펜스나 벽에 맞아 튀겨 오르는 공.

● 퀵 리턴 피치(quick return pitch) … 타자가 다음 준비를 하기 전에 투수가 포수로부터의 반구를 받자마자 즉시 투구하는 템포가 빠른 피칭을 말하는데 이것은 반칙 투구. 주자가 베이스에 있을 때 반칙 투구를 하면 보크가 됨.

● 크로스 파이어(cross fire) … 십자 투구법. 투수가 던진 볼이 본루를 비스듬히 가로지르는 공으로 투수판의 바깥쪽을 밟고 본루의 반대쪽 코너에 던지는 투구법.

● 클러치 히터(clutch hitter) … 찬스를 얻었을 때 정확한 안타를 쳐주는 타자.

● 클로스 게임(close game) … 서로 실력이 백중한 접전.

● 클린 업(clean up) … 타자가 강타를 쳐서 베이스에 있는 주자를 모두 홈인시켜 깨끗이 청소한다는 말.

● 클린 업 맨(clean up man) … 4번 타자.

● 클린 업 트리오(clean up trio) … 3대 강타자를 뜻하는 말로 보통 3, 4, 5번 타자를 가리킴.

● 클린 히트(clean hit) … 멋지게 맞은 타구로 수비자의 사이를 빠져나간 히트.

● 키 스톤(key stone) … 2루. 건축에서 아치 맨 위에 놓는 날카로운 돌을 본따 이렇게 부름.

● 키 스톤 콤비네이션(key stone combination) … 2루수와 유격수가 주로 2루 상의 플레이에서 이루는 협동 수비.

Ｅ

● 타격 방해(打擊妨害) … 수비자가 타자의 타격을 방해하는 것으로 벌칙으로 1루가 주어지는 규정. 그러나 동점 9회말에서 1사 주자 3루일 때 다음 타자가

외야에 희생 플라이가 될 듯한 1타를 날리면 이것은 굿바이 게임이지만 포수의 미트가 배트에 닿아 타격 방해가 된 타자는 1루에, 3루 주자는 그 자리에 머무름.

- **타석수(打席數)** … 타자가 타석에 들어서서 타격을 완료한 회수로 포 볼, 희생타, 희생 번트, 플라이, 타격 방해, 주루 방해로 1루를 얻은 회수를 제외한 수.
- **타율(打率)** … 타자의 강약을 나타내는 지수로 안타에서 타수를 뺀 것으로서 이때 타수는 타자가 타석에 등장한 타석 수에서 포 볼, 희생타 및 타격이나 주루 방해 등으로 출루한 경우를 제외한 비율. 배팅 애버리지(batting average).
- **타이 게임(tie game)** … 5회 또는 그 이상 게임을 행하고 날씨 사정 등의 기타 이유로 마감하는 게임에서 무승부로 끝나는 경우. 정식 시합의 일부로 개인 기록은 가산됨.
- **타임(time)** … 정규로 플레이가 진행되는 시간.
- **타임리 에러(timely error)** … 결정적 실수.
- **타임리 히트(timely hit)** … 적시타.
- **타임 앳 배트(time at bat)** … 타자가 타격을 끝내기까지의 시간. 타격 시간.
- **타자의 달리는 권리** … 타구를 다루는 야수에 주자가 접촉하면 고의든 고의가 아니든 주자 아웃이 원칙인데 이 경우에는 달릴 권리를 인정함. 그러나 주자가 고의로 부딪치면 아웃됨.
- **타점(打點)** … 타자가 안타 등으로 자기 팀에 얻게 한 점수.
- **태그(tag)** … 야수가 확실하게 공을 잡고 그 신체를 주자나 베이스에 대는 행위.
- **터치(touch)** … 공을 주자에게 갖다대는 일.
- **터치 아웃(touch out)** … 수비측이 주자의 몸에 공을 대서 아웃시키는 일. 척살.
- **터치 업(touch up)** … 주자의 후속 타자가 친 비구를 야수가 잡았을 때 주자가 다음 베이스로 진출하기 위해 일단 자기 베이스로 돌아오는 일.
- **터칭 베이스(touching base)** … 주자를 아웃시키기 위해 공을 베이스에 대는 것.
- **턴 오버(turn over)** … 타구가 베이스에 닿았다가 위로 넘어가거나 옆으로 빠져나가는 경우. 혹은 배팅할 때 양손을 바꿔 잡는 동작.

- 테이크 더 마운드(take the mound) … 투수가 투수판 위에 등장함.
- 테일 엔드(tale end) … 리그 전에서의 최하위 성적의 팀.
- 텍사스 히트(texas hit) … 평범한 타구가 공교롭게도 외야와 내야의 중간에 떨어져 안타가 되는 경우. 텍사스 리거(texas leaguer).
- 토너먼트(tournament) … 경기 때마다 패자를 제외시켜서 최후에 남은 둘이서 우승을 결정하게 하는 경기 방식.
- 토스(toss) … 한 야수로부터 다른 야수에게 송구할 때 둘 사이의 간격이 짧아 가볍게 밑으로 공을 던지는 것.
- 토스 배팅(toss batting) … 가까이에서 던져진 느린 공을 타자가 가볍게 맞추는 타격 연습.
- 톱 배터(top batter) … 각 회에 첫번째로 치는 타자. 혹은 타순의 첫번째를 치는 타자.
- 톱 볼(top ball) … 연식 야구공. 에보나이트의 심을 털실로 싸고 그 위로 스펀지 모양의 고무로 쌌음.
- 투구(投球) … 투수가 타자에게 던지는 공.
- 투 런 홈런(two run homerun) … 주자가 한 명일 때 친 홈런으로 2점을 얻음.
- 투 베이스 히트(two base hit) … 2루타.
- 투수(投手) … 내야의 중앙에서 포수에게 공을 던지는 선수. 피처(pitcher).
- 투수 교대 제한 … 같은 회에 투수 이외의 수비 위치에 두 번 이상 교대할 수 없음.
- 투수판(投手板) … 투수가 투구할 때 반드시 발의 일부가 닿아야 하는 판자. 피처스 플레이트(pitcher's plate).
- 투 스텝(two step) … 투수가 타자에 투구할 때 투수판을 두 번 바꾸어 밟고 던지는 것으로 부정 투구가 됨.
- 투 플러툰 시스템(two platoon system) … 똑같은 실력의 선수를 한 수비 위치에 두 사람씩 배치한 후 두 가지의 멤버를 구성해서 상대 투수나 작전에 따라 분간해서 두 사람을 쓰는 방식.
- 트랩 플레이(trap play) … 함정에 빠뜨리는 플레이. 잡을 수 있는 공을 일부러 떨어뜨리고 타자나 주자를 아웃시키는 것 같은 플레이.
- 트레이드(trade) … 프로 야구 팀 간의 이적(移籍).
- 트리플 스틸(triple steal) … 수비측의 세 명이 한꺼번에 도루하는 일.

- 트리플 크라운(triple crown) … 프로 야구에서 수위 타자, 홈런 왕, 타점 왕의 세 개를 한 사람이 독점한 사람. 3관왕.
- 트리플 플레이(triple play) … 삼중살(三重殺). 수비측의 연속 플레이에 의하여 공격측 선수를 세 명이나 잇달아 아웃시키는 경우. 세 개의 아웃 사이에 에러가 있는 경우는 예외임.
- 트릭 플레이(trick play) … 속임수를 구사하여 상대 주자를 아웃시키는 일.
- 팀 컬러(team color) … 팀이 가지고 있는 분위기나 특색.
- 팁(tip) … 배트를 스치고 그대로 포수에게 노 바운드로 잡힌 공. 파울 팁(foul tip).

Ⅱ

- 파울(foul) … 타구가 본루에서 1, 3루측의 파울 그라운드에 멈춘 것.
- 파울 그라운드(foul ground) … 파울 라인 바깥쪽.
- 파울 볼(foul ball) … 파울 그라운드 밖으로 떨어진 타구. 또는 야수 등에 닿지 않고 내야에 떨어진 후 1, 3루의 베이스 보다 앞에서 파울 그라운드로 나간 타구.
- 파울 팁(foul tip) … 타자의 배트를 스쳐 직접 포수의 미트 속으로 들어간 파울 볼.
- 파울 폴(foul pole) … 파울 라인이 펜스에 닿는 곳에 세운 파울 라인의 연장.
- 파울 플라이(foul fly) … 파울 그라운드 위로 쳐올려진 타구.
- 파인 플레이(fine play) … 수비 선수가 아주 어려운 공을 잡아내는 일.
- 파이널 게임(final game) … 최후의 승부를 다루는 결승전.
- 파이어 맨(fire man) … 소방수의 뜻으로 구원 투수의 별명.
- 파이어 크로스 볼(fire cross ball) … 투수가 안쪽과 바깥쪽의 각을 잘 이용하여 타자가 치기 어렵게 던지는 투구.
- 판 고 스틱(fun go stick) … 포구 연습에 사용하는 가늘고 가벼운 배트. 녹트 배트(knock bat).
- 팜 볼(palm ball) … 투수의 투구 기술의 하나. 손바닥을 써서 볼에 회전을 걸지 않고 밀어내듯 던지는 투구법으로 타자의 손 근처에서 떨어지는데 체인지 오브 페이스에서 흔히 쓰임.

- 팜 시스템(farm system) … 팜 팀에 미숙한 선수를 수련시키는 제도.
- 팜 팀(farm team) … 대 리그의 구단과 자금적 계열 관계를 갖고 마이너 리그에 소속하는 구단. 선수를 양성시키는 것이 주목적임.
- 패스드 볼(passed ball) … 투수가 던진 공을 포수가 뒤로 놓쳐 빠뜨리는 것.
- 패전 투수(敗戰投手) … 팀의 패전에 가장 책임이 큰 투수로 자신이 9회까지 던져서 졌을 경우와 자신이 던지고 있을 때 리드당해 졌을 경우와 동점에서 릴리프하여 졌을 경우가 이에 속함.
- 패퇴 행위 … 프로 야구에서 의식적으로 패하여 승리하기 위한 최선의 행위를 게을리한 것으로 케미셔너나 위원회의 제재를 받게 됨.
- 퍼스트 스로(first throw) … 첫번째 송구.
- 퍼펙트 게임(perfect game) … 완전 시합. 한 팀이 상대편 팀을 무안타, 무득점, 무사구로 지켜 무실책 즉 한 명의 주자도 내보내지 않고 이긴 경기.
- 펌블(fumble) … 땅볼이나 바운드 볼 등의 타구를 야수가 일단 받는 듯이 멈추었으나 이내 떨어뜨린 것.
- 페넌트(pennant) … 우승기나 팀 이름을 나타내는 삼각형 모양의 깃발.
- 페드 어웨이(fade away) … 드롭의 일종으로 손목을 비트는데 따라서 타자 가까이 와서 갑자기 속력이 둔하여 급각도로 떨어지는 공.
- 페어(fair) … 페어 그라운드 안에 떨어진 타구. 또는 야수 등에 떨어져 1, 3루의 베이스 위나 그 뒤쪽으로 해서 파울 지역으로 나간 타구.
- 페어 그라운드(fair ground) … 파울 라인 안의 지역.
- 페어 플라이(fair fly) … 페어 그라운드 내에 떠오른 플라이.
- 페어 플레이(fair play) … 바르고 정정당당한 행동이나 태도.
- 페어 히트(fair hit) … 안타.
- 페퍼 게임(pepper game) … 토스 배팅. 타격 연습에 앞서 두세 명의 선수를 상대로 타자가 볼을 가볍게 치는 연습법.
- 펜스(fence) … 필드를 둘러싼 울타리.
- 포구(蒲球) … 땅 위로 굴러가는 공. 땅볼. 그라운더(grounder).
- 포 볼(four ball) … 투수가 타자에게 스트라이크 아닌 볼을 네 번 던지는 일.
- 포수(蒲手) … 본루를 지키며 투수가 던진 공을 받는 선수. 캐처(catcher).
- 포스 아웃(force out) … 봉살. 후속 타자가 주자가 되었기 때문에 다음 베이스에 가야 할 주자가 미처 베이스에 닿기 전에 수비측에서 던진 공으로 아웃되는 일.

214

- **포스 플레이(force play)** … 누상에 있던 주자가 후속 타자의 타격에 의해 다음 누로 진루해야 할 때 생기는 플레이.
- **포지션(positon)** … 선수들의 자기 정 위치.
- **포크 볼(fork ball)** … 집게손가락과 가운데손가락 사이에 볼을 끼우고 던지는 투구. 속구와 마찬가지 동작으로 던지되 볼이 타자의 손 근처에서 아래로 떨어지는 것으로 너클 볼과 비슷함.
- **포피티드 게임(forfeited game)** … 경기 중에 한 팀이 심한 부정 행위를 저지르거나 구심의 지시를 어겨 경기 속개를 거부한다든가 규정 시간에 도착하지 않았을 때 경기를 몰수하고 정당한 팀에게 9−0으로 승리를 선언하는 경기. 몰수 경기.
- **폴로 스로(follow throw)** … 타구나 투구의 효과를 올리기 위해 배트나 팔의 스윙을 그 방향으로 계속하여 실시하는 동작.
- **폽 플라이(pop fly)** … 작은 비구. 가볍게 때리거나 빗맞은 볼이 내야수의 수비 범위에 작은 비구가 되어 날아갈 때를 말함. 소프트 플라이(soft fly).
- **푸시 번트(push bunt)** … 배트를 휘두르지 않고 가볍게 밀 듯이 치는 번트. 오른쪽 타자는 1루로, 왼쪽 타자는 3루로 미는 것이 유리함.
- **푸시 히터(push hitter)** … 배트를 휘두르지 않고 밀 듯이 치는 타자.
- **풀 베이스(full base)** … 베이스마다 주자가 꽉 차 있는 것. 만루.
- **풀 카운트(full count)** … 타자의 카운트가 투 스트라이크 스리 볼이 되었을 경우.
- **풀 히터(full hitter)** … 우타자라면 좌익 방향으로, 좌타자이면 우익 방향으로 대부분의 타구가 날아가는 경향의 타자.
- **풋 아웃(put out)** … 척살(刺殺).
- **프랜차이즈(franchise)** … 원래 뜻은 이익을 독점하는 것으로 미국의 프로 야구가 인구를 기본으로 하여 구단 수를 정해 그 도시를 본거지로 한 흥행법으로 프랜차이즈 시스템이라고 함. 야구단이 있는 본거지.
- **프로야구 조정 위원회** … 프로 야구 선수나 구단은 다음 년도의 계약 조건 중 금전에 관한 사항으로 합의에 달하지 않을 때 어느 쪽에서든 연맹 회장에게 조정을 신청할 수 있으며 그 경우 회장은 조정위원회를 구성하며 커미셔너와 양 연맹회장이 참석함.
- **프론트 오피스(front office)** … 회사 등의 수뇌부나 간부. 미국 프로 야구계에서 흔히 쓰임. 팀에 의해 관리 체제는 각기 다르나 팜, 스카우트, 입장권 문

제, PR, 흥행에 관한 것, 통계, 자료, 시즌 복스 부분의 책임자.

- 프리 배팅(free batting) … 18m 가량 떨어진 곳에서 보통 속도의 공 또는 타자가 원하는 종류의 공을 던지게 하여 침. 자유 타격 연습.
- 프리크 딜리버리(freak delivery) … 공에 특수 액체나 미끈거리는 것을 칠해서 던지는 공.
- 플라잉 스타팅(flying start) … 주자가 터치한 후 뒤로 물러섰다가 다시 누를 밟고 다음 누로 가려는 것.
- 플레이 볼(play ball) … 경기의 시작.
- 플레이스 히트(place hit) … 수비가 약한 곳이나 수비자들 사이의 공간을 이용한 안타.
- 플레이어(player) … 경기에 임하는 선수.
- 플레이 오프(play off) … 메이저 리그 등에서 지역 우승 팀끼리 싸워서 리그의 우승을 결정하기 위한 우승 결정전.
- 플레이 인(play in) … 수비 위치를 이동하여 얕은 수비를 펼치는 작전.
- 플레잉 매니저(playing manager) … 선수와 감독을 겸하는 사람.
- 피벗 맨(pivot man) … 더블 플레이를 할 때 중계자의 역할을 하는 선수.
- 피싱 트립(fishing trip) … 묘한 투구로 타자가 스윙한 것.
- 피처 인 더 홀(pitcher in the hole) … 투수가 볼 카운트 0-3, 2-3, 1-3처럼 불리한 조건에 몰리는 경우.
- 피처스 플레이트(pitcher's plate) … 투수판.
- 피처스 피벗 푸트(pitcher's pivot foot) … 투수가 투구할 때 판에 딛고 있는 발.
- 피치(pitch) … 투수가 타자에게 공을 던지는 일.
- 피치드 아웃(pitched out) … 주자의 도루를 예상하고 포수의 요구로 타자에게 타구시키지 않은 공을 던져 포수가 송구하기 편하도록 하는 것.
- 피칭(pitching) … 투수가 타자를 향해 공을 던지는 일. 투구.
- 피칭 머신(pitching machine) … 타격 연습을 하려는 타자에게 공을 던지는 기계.
- 피칭 스태프(pitching staff) … 투수진.
- 피트 퍼스트 슬라이딩(feet first sliding) … 두 발을 길게 뻗고 누운 듯이 들어가는 슬라이딩.
- 픽업 팀(pick up team) … 우수한 선수를 여러 팀에서 선발하여 편성된 팀.

- 픽 오프 플레이(pick off play) … 투수가 주자를 잡으려고 베이스에 들어가는 야수에 송구하여 주자를 겨누어 잡는 전법. 야수 또는 포수 사이에 의함. 투수로부터 유격수로의 송구가 많으며 포수가 플레이를 행하는 수도 있음.
- 핀치(pinch) … 수비측의 난국이나 위기. 공격측에서는 찬스가 됨.
- 핀치 러너(pinch runner) … 대주자(代走者). 득점할 기회에 정주자 대신 나서서 달리는 주자. 판단력과 발이 빠른 타자가 유리함.
- 핀치 히터(pinch hitter) … 대타자(代打者). 득점할 기회에 정타자 대신 기용되는 타자.
- 필더(fielder) … 야수(野手).
- 필더스 초이스(fielder's choice) … 야수 선택. 페어 땅볼을 잡은 야수가 1루에서 타자 주자를 아웃시키는 대신에 앞의 주자를 아웃시키려고 다른 베이스로 송구하는 것.
- 필딩(fielding) … 야수가 포구하거나 송구하는 일련의 수비 연습.

⚾⚾⚾ ㅎ ⚾⚾⚾⚾⚾⚾⚾⚾⚾⚾⚾⚾⚾⚾⚾⚾⚾⚾⚾⚾⚾⚾

- 하드 드라이브(hard drive) … 맹렬한 타구.
- 하드 히트(hard hit) … 장타력이 있는 타자.
- 하이 볼(high ball) … 높이 솟은 타구나 송구.
- 하프 스윙(half swing) … 타자가 배트를 휘두르다가 중도에서 멈추는 행위.
- 하프 웨이(half way) … 플라이가 타구되었을 때 누상의 주자가 다음 베이스에의 적당한 중도까지 리드하는 것.
- 핫 볼(hot ball) … 강하게 맞은 볼.
- 핫 코너(hot corner) … 3루. 1880년 신시내티의 힉 카벤트 3루수가 맹렬한 대시로 그의 몸을 뚫는 듯한 라이너를 7회나 잡아낸 것을 보고 신문기자가 이름을 붙인 것에서 유래.
- 헐러(hurler) … 투수의 별명.
- 헛슬(hustle) … 맹렬히 움직이는 것. 용감하며 기민한 플레이.
- 헤드 슬라이딩(head sliding) … 머리에서부터 미끄러져 베이스 쪽으로 가는 것.
- 헤드 업(head up) … 타격 중 배트를 스윙할 때 턱이 올라가 볼에서 눈이 떨

어지는 것. 외각의 공, 특히 외각의 커브 등을 잘 때리지 못함. 또한 헤드 업 하는 타자는 어깨의 앞쪽을 배터스 복스에서 당기므로 더욱 외각으로 흐르는 공을 때리지 못함.

- 헤드 코치(head coach) … 팀의 으뜸이 되는 코치.
- 헤비 배터(heavy batter) … 강타자.
- 헬멧(helmet) … 머리를 충격으로부터 보호하기 위해 쓰는 모자.
- 호머(homer) … 홈런.
- 홀 오브 페임(hall of fame) … 명예의 전당이란 뜻으로 야구의 발상지인 뉴욕 주의 쿠버스 타운에 있는 야구 박물관.
- 홈 그라운드(home ground) … 그 팀의 본거지에 있는 야구장.
- 홈런(home run) … 타자가 홈 베이스까지 살아서 돌아올 수 있도록 친 안타로 주로 공이 외야의 펜스를 넘어간 것을 말함. 본루타. 호머(homer).
- 홈런 더비(homerun derby) … 한 시즌 중의 홈런을 경쟁하는 일.
- 홈런 킹(homerun king) … 홈런 왕. 한 시즌을 통해 가장 많은 홈런을 때린 타자에게 주는 타이틀.
- 홈 베이스(home base) … 포수가 있는 자리. 본루. 홈 플레이트(home plate).
- 홈 스틸(home steal) … 3루 주자가 포수와 투수의 허점을 틈타 홈으로 들어가는 일.
- 홈 인(home in) … 득점. 살아돌아옴.
- 홈 팀(home team) … 다른 팀을 맞이하여 싸우는 주인격의 팀.
- 홈 플레이트(home plate) … 홈 베이스. 본루판.
- 홉(hop) … 타자 가까이 와서 갑자기 위쪽으로 떠오르는 투구.
- 홉 플라이(hop fly) … 배트에 헛맞아 작게 쳐올려진 플라이.
- 훅 슬라이드(hook slide) … 발이 갈고리 모양으로 굽어져서 베이스에 미끄러져 들어오는 것.
- 희생번트(sacrifice bunt) … 2사 이전에 타자의 번트로 한 사람 또는 몇 사람의 주자가 진루하고 타자는 1루에서 아웃이 되었을 때 기록됨. 그 번트로 다음 베이스에 진루하려는 주자가 한 사람이라도 아웃이 되면 희생 번트가 되지 않음. 보내기 번트.
- 희생타(sacrifice hit) … 번트나 플라이로 자기는 희생하고 주자의 진루를 돕는 것으로 희생 플라이와 희생 번트를 일컬음.

- 희생 플라이(sacrifice fly) ··· 무사 또는 1사에서 타자가 플라이를 때려서 포구된 후 주자가 득점하거나 포구되지 않았을 때 주자가 득점하는 경우.
- 히트(hit) ··· 안타.
- 히트 바이 피치드 볼(hit by pitched ball) ··· 데드 볼(dead ball). 투구가 타자의 몸에 닿아서 1루로 진루할 수 있는 것.
- 히트 앤드 런(hit and run) ··· 원래는 발이 빠른 주자를 누에 놓고 평범한 타자가 나간 경우 더블 플레이를 당하지 않게끔 고안된 것. 1사 주자 1루의 타자에게 유리한 카운트에서 행함. 우선 1루 주자가 2루를 향해 달리고 2루수 또는 유격수를 2루로 끌어들여 이로써 비어 있는 곳을 타자가 노려 치는 전법. 타자가 오른쪽을 잘 치고 1루 주자가 준족의 경우에 효과가 있음.
- 히팅 시스템(hitting system) ··· 타자가 투수의 던지는 스트라이크 볼을 적극적으로 치고 나가는 공격 전법.

사진해설판!!
초보자를 위한 텍스트!!

어느 분야나 마찬가지로 기초를 마스터한다는 것은 무엇보다도 중요
한 것이며 기초를 마스터함으로서 훌륭한 꽃을 피울 수가 있게 된다.
볼링에 있어서 그저 기계적으로 던진다고 하는 생각만으로서는 볼링
의 즐거움을 반감시켜 버리고 만다.
한시라도 빨리 기초를 완전히 파악해야만 한다는 것이 초보자에게 있
어서는 무엇보다도 커다란 도움이 될 것이다.
그를 위해 이 책이 유효하게 활용될 것을 믿는다.

스포츠 서적 편집실 · 4 · 6판/184면

INSTANT
BOWLING LESSONS
인스턴트 볼링 레슨

현대인의 스트레스 해소의 첩경이라고 하는
볼링이 특정인에게만 보급되고 애용되었던 것은
이미 낡아버린 사고방식이라 하겠다.
이와 병행하여 수많은 경비를 들여야만
만들어지는 볼링장이 우후죽순처럼
늘어나고 있으며 일반인이나 학생층의
아낌없는 인기를 받고 있는
볼링의 인구가 기하급수적으로
늘고 있다는 것이 사실이다.
이런 실정을 참작하여
이 책에서는 볼링 기초를
단시일에 정확히 마스터하도록 했으며
특히 현대 미국 톱볼러들의 최신 폼을
수록하였다.

돈 카터
신국판/120면

속성 야구 레슨

지은이 밀 · 워 키
편역자 스포츠 편집실
펴낸이 남   용
펴낸데 一信書籍出版社

121-110 서울 마포구 신수동 177-3
등 록 : 1969. 9. 12. No. 10-70
전 화 : 703-3001~6
FAX : 703-3009
© ILSIN PUBLISHING Co. 1995.